U0476451

智库 中社

国家智库报告 2018（25）
National Think Tank

新时代中非友好合作

中非直接投资合作

姚桂梅 著

CHINA-AFRICA DIRECT INVESTMENT AND COOPERATION

中国社会科学出版社

图书在版编目（CIP）数据

中非直接投资合作／姚桂梅著．—北京：中国社会科学出版社，2018.8
（国家智库报告）
ISBN 978 - 7 - 5203 - 2995 - 8

Ⅰ.①中… Ⅱ.①姚… Ⅲ.①对外投资—非洲—直接投资—研究—中国 Ⅳ.①F832.6

中国版本图书馆 CIP 数据核字（2018）第 186171 号

出 版 人 赵剑英
项目统筹 王 茵
责任编辑 喻 苗
特约编辑 张 湉
责任校对 朱妍洁
责任印制 李寡寡

出　　版 中国社会科学出版社
社　　址 北京鼓楼西大街甲 158 号
邮　　编 100720
网　　址 http://www.csspw.cn
发 行 部 010 - 84083685
门 市 部 010 - 84029450
经　　销 新华书店及其他书店

印刷装订 北京君升印刷有限公司
版　　次 2018 年 8 月第 1 版
印　　次 2018 年 8 月第 1 次印刷

开　　本 787 × 1092 1/16
印　　张 12.75
字　　数 130 千字
定　　价 58.00 元

凡购买中国社会科学出版社图书，如有质量问题请与本社营销中心联系调换
电话：010 - 84083683

充分发挥智库作用
助力中非友好合作

当今世界正处于大发展、大变革、大调整时期。世界多极化、经济全球化、社会信息化、文化多样化深入发展，和平、发展、合作、共赢成为人类社会共同的诉求，构建人类命运共同体成为各国人民共同的愿望。与此同时，大国博弈激烈，地区冲突不断，恐怖主义难除，发展失衡严重，气候变化凸显，单边主义和保护主义抬头，人类面临许多共同挑战。中国是世界上最大的发展中国家，人类和平与发展事业的建设者、贡献者和维护者。2017 年 10 月中共十九大胜利召开，引领中国发展踏上新的伟大征程。在习近平新时代中国特色社会主义思想指引下，中国人民正在为实现“两个一百年”奋斗目标和中华民族伟大复兴的“中国梦”而奋发努力。非洲是发展中国家最集中的大陆，是维护世界和平、促进全球发展的重要力量之一。近年来非洲在自主可持续发展、联合自强道路上取得了可喜进展，从西方人眼中“没有希望的大陆”变成了“充满希望的大陆”，成为“奔跑的雄狮”。非洲各国正在积极探索适合自身国情的发展道路，非洲人民正在为实现“2063 年议程”与和平繁荣的“非洲梦”而努力奋斗。

中国与非洲传统友谊源远流长，中非历来是命运共同体。中国高度重视发展中非关系，2013 年 3 月习近平主席担任国家主席后首次出访就选择了非洲；2018 年 7 月习近平主席连任国家主席后首次出访仍然选择了非洲；5 年间，习近平主席先后 4 次踏上非洲大陆，访问坦桑尼亚、南非、塞内加尔等 8 国，向世界表明中国对中非传统友谊倍加珍惜，对非洲和中非关系高度重视。2018 年是中非关系的“大年”，继习近平主席访问非洲之后，中非合作论坛北京峰会将于 9 月召开，这是中非合作论坛史上的第三次峰会。中非人民对此充满热情和期待，国际社会予以高度关注。此次峰会必将进一步深化中非全面战略合作伙伴关系，推动构建更为紧密的中非命运共同体，成为中非关系发展史上又一具有里程碑意义的盛会。

随着中非合作蓬勃发展，国际社会对中非关系的关注度不断加大，出于对中国在非洲影响力不断上升的担忧，西方国家不时泛起一些肆意抹黑、诋毁中非关系的奇谈怪论，诸如“新殖民主义论”“资源掠夺论”“债务陷阱论”等，给中非关系发展带来一定程度的干扰。在此背景下，学术界加强对非洲和中非关系的研究，及时推出相关研究成果，讲述中国在非洲的真实故事，展示中非务实合作的丰硕成果，客观积极地反映中非关系，向世界发出中国声音，显得日益紧迫重要。

中国社会科学院以习近平新时代中国特色社会主义思想为指导，按照习近平总书记的要求，努力建设马克思主义理论阵地，发挥为党和国家决策服务的思想库作用，努力为构建中国特色哲学社会科学学科体系、学术体系、话语体系作出新的更大贡献，不断增强我国哲学社会科学的国际影响力。我院西亚非洲研究所是根据当年毛泽东主席批示成立的区域性研究机构，长期致力于非洲问题和中非关系研究，基础研究和应用研究并重，出版发表了大量相关著作和论文，在国内外的影响力不断扩大。

为了服务国家外交大局，配合即将召开的中非合作论坛北京峰会，西亚非洲研究所与国际合作局共同组织编写了《新时代中非友好合作智库报告》。这是一套系列智库报告，包括一个主报告和八个分报告。主报告《新时代中非友好合作：新成就、新机遇、新愿景》总结了党的十八大以来，中非双方通过共同努力，在政治、经贸、人文、和平安全等合作领域取得的伟大成就，分析了中国特色社会主义进入新时代为非洲发展和中非合作带来的新机遇，展望了未来中非友好合作的新愿景和重点对接合作领域。分报告包括：《中非直接投资合作》《“一带一路”倡议与中非产能合作》《中非减贫合作与经验分享》《中非人文交流合作》《中非和平与安全合作》《中国与肯尼亚友好合作》《中资企业非洲履行社会责任报告》和《郑和远航非洲与21世纪海上丝绸之路》。它们分别从不同领域和角度详细阐述了中非合作取得的成就，面临的问题和挑战，以及未来发展合作的建议。主报告和分报告相互联系，互为一体，力求客观、准确、翔实地反映中非合作的现状，有利于增进人们对中非关系的认识和了解，为新时代中非关系顺利发展提供学术视角和智库建议。此外，这套智库报告英文版将同时出版，主要面向非洲国家和国际社会，向世界表明中非友好合作完全符合双方26亿人民的根本利益，完全顺应世界和平稳定与发展繁荣的历史潮流。

这套智库报告从策划立项到组织编写，再到印刷出版，前后只有5个月，时间紧，任务重，难免有缺憾和疏漏之处。例如，非洲国家众多，但国别合作报告只有一本《中国与肯尼亚友好合作》，略显单薄，如果至少有5—10本类似的国别合作报告，那么整套智库报告将会更为全面，更为丰满，希望将来有机会弥补这一缺憾，能够看到更多的中非国别合作报告。相信在国内非洲学界的共同努力下，我国的非洲研究和中非关系研究将不断攀登新高峰，从而更好地服务国家战略，助力新时代中非友好合作全面深入发展。

中国社会科学院副院长

蔡　昉

2018 年 8 月

摘要： 21世纪以来，非洲国家在改善投资环境方面成绩斐然，成为世界的投资热土。中国在非洲的直接投资规模不断扩大，国别和行业投资日趋多样化，为非洲国家的经济转型和社会进步发挥了积极的推动作用。然而研究发现，中国对非直接投资却是中非经贸合作内部构成中的短板，总量明显低于中非贸易、中非工程承包，导致中非经贸合作结构明显失衡，不利于中非经贸合作的可持续发展。为此，当务之急是扩大中国对非直接投资，使其发挥引领作用，不仅可以推动中非经贸合作实现均衡发展，向更高层次转型升级，更有利于打造利益深度交织的“中非命运共同体”，进而引领国际对非合作。

本研究报告紧密围绕如何扩大对非直接投资的这一主题进行，对策建议兼具战略性、前瞻性、可操作性的特点。报告指出，扩大对非直接投资，发挥其引领作用面临难得的战略机遇，同时面临来自非洲、中国和国际层面的诸多挑战。为抓住机遇、迎接挑战，中国政府、企业、金融等相关机构必须整合力量、打好组合拳，在重点国家和重点产业进行精准布局，创新投资融资模式，扶持民营企业的发展，循序渐进地打一场对非投资的“持久战”。与此同时，中国在扩大对非直接投资的过程中，也要做好法律、财税、人才储备、文化等软实力方面的建设；应注意规避政治、安全、资金、国有化、国际竞争五大方面的风险，护佑中国对非投资发展壮大。

关键词：中国；非洲；直接投资；模式；工业布局；引领作用；对策建议

Abstract: Since the beginning of the 21st century, African countries have made remarkable achievements in improving the investment environment and become the hot spot of investment in the world. The direct investment of China in Africa which has been expanding rapidly and has covered more and more fields and countries, is playing an active role in the economic transformation and social progress of the African countries. However, studies show that direct investment of China in Africa is the weak point within the framework of China-Africa economic and trade ties, whose total volume is obviously lower than that of the bilateral trade and project contracting, which would lead to an obvious imbalance to the detriment of the sustainable development of China-Africa economic and trade relations. Therefore, it is necessary to expand direct investment of China in Africa so as to assure a balanced development of China-Africa economic and trade cooperation as well as a higher level of transformation and upgrading which lead to a "community of a shared future" between China and Africa upon the basis of a reciprocal international cooperation.

Focusing on the theme of expanding direct investment of China in Africa, this research report will come with strategic, forward-looking and operable recommendations. The report points out that to expand direct investment of China in Africa, there are both opportunities and challenges from various fields and levels. In order to properly manage the opportunities and challenges, the Chinese government, enterprises, financial and other related institutions are obliged to make an integrated effort, carrying out a precise layout in key countries and key industries, innovating the mode of investment and financing, and supporting the development of private enterprises, so as to fight a "lasting war" on expanding China's direct investment in Africa. Meanwhile, it is necessary to attach great importance to the soft-power building regarding legal, financial, tax, talent reserve, cultural and other affairs in the process of expanding China's direct investment in Africa. Furthermore, risks from politics, security, capital, nationalization, and international competition ought to be properly dealt with in order to safeguard the expansion of China's direct investment in Africa.

Key Words: China, Africa, FDI, mode, industrial layout, leading role, recommendations

目　录

前　言

2018年是中国改革开放40周年，中国经济建设在取得举世瞩目的成就的基础上，踏上了承前启后、继往开来的新征程。虽然中国经济在大多数年份实现了中高速增长，GDP总量位列全球第二位，但2014年以来，中国经济调速换挡，表明中国经济在增长的质量、产业结构、人均水平等方面还存在诸多不足。伴随着中国在全球影响力的上升，以欧美为首的西方国家希望中国在国际事务中承担更多责任的同时，也在想方设法打压、遏制和围堵中国。

面对中国经济发展提质换挡的内在要求，以及西方合谋围堵中国的外在压力，与中国相距万里的非洲大陆支撑中国实现全球战略的重要性与日俱增。首先，非洲是中国外交战略不可或缺的基础。非洲在中国外交战略中地位特殊、作用重要。在国际组织一国一票的表决中，非洲是大国争夺的“票仓”，其向背至关重要，长期以来都是中国外交依靠的基本力量。其次，非洲是中国运作大国关系的重要杠杆。中非关系在中国外交中的“杠杆作用”已经显现，正在影响着大国在非洲的利益关系和力量结构变化，中非合作已超出双方范畴，在中国外交中的作用正在不断强化。再次，非洲是中国可持续发展重要的原材料供应地。资源丰富是非洲的最大优势。非洲拥有全球60%的未开发耕地，且在钒、锰、铂、钴、铝、铬、黄金、钻石、磷酸盐等矿藏的储量上排名全球第一。目前，非洲出口的油气占全球出口量的10%，铜矿占9%，铁矿占5%。即使目前大宗商品的价格偏低，非洲产品仍然具有价格上的竞争力，这为非洲经济的未来发展提供了保障。中国经济发展则明显受制于资源储备不足，且中国稀缺的资源均可在非洲找到。非洲作为中国资源、原材料来源地的重要地位日益凸显，确保非洲资源的长期、稳定和有效供应与中国经济安全息息相关。复次，非洲是中国最具潜力的货物和服务贸易市场。非洲拥有10亿多人口，已成为中国实施市场多元化战略的重要目标。随着非洲经济的持续增长，加之消费者阶层的提升，巨大的市场潜能将强劲释放，中国在非洲中、高端商品市场的拓展空间可观。近年来，许多非洲国家在制定的经济发展战略中将基础设施、电信、金融、旅游、物流等列为优先发展的产业，非洲服务业市场前景可观。最后，非洲是中国经济结构调整、产能转移的理想目的地之一。中国正在加快转变发展方式，调整经济结构，大量资金、技术和富余产能要向外转移。而非洲正处于工业化早期，具有承接中国产业转移的原材料优势、劳动力成本优势和市场优势。中非双方在产业转移和承接上匹配性强。中国的城市化、工业化以及产业结构的调整与升级需要与非洲合作，非洲国家加速工业化、现代化实现“2063 年愿景”的诉求也同中国全面实施经济转型、产业升级和对外投资形成难得的历史性对接，中非投资合作前景广阔。为此，中国政府历来高度重视对非事务，对非友好政策既传承有序又与时俱进，使得中国在非洲自主可持续发展的过程中发挥着越来越大的作用，中非合作进入历史黄金期。在当前中国全面推进“一带一路”倡议的进程中，非洲自然成为“一带一路”建设向西延伸的重要地带。

鉴于中国与非洲合作共赢的积极效能以及非洲对中国全球战略的重要影响，中国应全面评估中非合作中的成就与问题，及时总结经验与教训，让非洲大陆真正成为中国突破欧美大国围堵的重要突破口和战略支点。然而，研究发现，在当下中国对外经贸交往中出现的市场、资源能源、投资“三头”对外深度融合的新局面中，中非经贸合作内部结构明显失衡，即中国对非合作中的贸易、工程承包、投资合作并非齐头并进，中国对非直接投资存量太小成为合作短板，而且投融资合作模式单一，影响着中非经贸合作的质量和可持续发展，对非经贸合作亟待转型升级。

习近平总书记在党的十九大报告中提出推动构建人类命运共同体的基本方略，这为中非经贸合作的转型升级指明了战略方向。在当前中国经济换挡调速的新常态背景下，结构调整、产业升级、能源资源保障等一系列任务要求中国加大对非洲的直接投资力度。而非洲国家为实现包容性增长，亟须动员国内外资金大力推进工业化、城市化建设，形成“中国供给”与“非洲需求”的高度契合。习近平主席在2015年年底访问津巴布韦和南非两国并主持中非合作论坛约翰内斯堡峰会，不仅充分彰显了中国政府高度重视中非关系的发展，也充分反映了非洲国家希望进一步加强与中国关系的热切愿望。李克强总理访非时，表示中国愿意帮助非洲打造从地面到天空的铁路网、公路网以及非洲区域航空网络“三大网”，通过中非产能合作大力推进非洲工业化的进程。因此，在中国与非洲共同利益诉求高度吻合的大背景下，扩大对非投资，发挥投资的引领作用，推动中非经贸合作转型升级，成为构建利益深度交织的中非命运共同体的有效途径。2018年9月，中非合作论坛将在北京召开峰会，中非领导人将再次聚首北京共商中非友好合作大计，规划新时代中非合作蓝图，深化中非全面战略合作伙伴关系，在更高水平上实现中非合作共赢、共同发展。因此，新时代赋予中国的非洲学者新的重要研究课题，即如何提高中国对非投资力度，如何进行投资的产业布局，如何创新中非投资融资合作模式，如何推动中非经贸合作转型升级？本报告力图对上述问题进行综合性解答。

第一章　中国在非洲直接投资的现状

中非经贸合作主要包括贸易、投资、工程承包、援助四种形式。与其他三种方式相比，对非直接投资起步较晚，但发展势头迅猛，合作层次高。在全面构建中非命运共同体的进程中，对非直接投资将发挥越来越大的作用。

第一节　中国对非洲投资的发展历程

中非投资合作起步较晚。基本与中国改革开放的步伐相吻合，于20世纪80年代开始，90年代中期以后加速，21世纪以来有了更快速和更健康的飞跃发展。虽起步较晚，但世界经济和中国经济的发展模式决定了对非投资成为中国当前和未来长期对非经贸合作的核心和关键环节。综观世界经济的未来走势，中国经济和非洲经济的长期发展势头，非洲大陆的资源优势、市场潜力和投资环境的改善，中非双方较强的经济互补性，都决定了中非投资合作尚有较大的潜力，非洲已成为并将长期是中国实施“走出去”和“两种资源，两个市场”战略的重要地区。但目前中国对非投资合作已面临诸多问题，如何实现对非投资合作的可持续发展，需要中国政府、对非投资企业等所有相关方贡献智慧。

1949 年中华人民共和国成立，1956 年 5 月 30 日，中国与埃及正式建立外交关系，由此拉开中非友好关系的序幕。直到 1979 年中国改革开放，中国政府一直是中国对非洲经贸合作的主体，中国企业在非洲的活动基本以执行中国对非洲援助任务为主。中国对非洲投资与中国对外投资的整体步伐基本一致，也是始于 1979 年，并随着中国和非洲的国情、政策环境的演变大致历经了以下三个发展阶段。

一 对非洲投资的起步阶段（1980—1995 年）

20 世纪 80 年代初，中国政府为了巩固以往的经济援助成果，同时带动工程设备、原材料以及其他产品出口，开始了对非洲的投资。国有大型企业是对非洲投资的主导力量，其投资对象为中国政府移交的援助项目和加工贸易项目，投资方式以合资、合作或租赁为主，投资规模较小。1979—1990 年，中国在非洲共投资 102 个项目，投资总额 5119 万美元，平均项目投资额约为 50 万美元。当然，其中也有一些大中型项目，如在刚果（金）建立的金沙萨木材加工厂项目的投资额就超过了 500 万美元，但实属个例。

二　对非洲投资的调整、蓄势阶段（1995—2000 年）

20 世纪 90 年代，非洲大陆经济持续增长，投资环境不断改善。与此同时，中国企业自身实力不断提高，走出国门开展海外经营的需求与日俱增。1995 年中国进行援外方式改革，企业日益成为中非合作的主体，援助与投资、贸易和其他互利合作互动发展。1997 年，中国政府出台“走出去”战略，引领中国企业利用好国内外两种资源，开拓好国内外两个市场。1998 年，国家计划委员会（现发改委）制定对非洲投资规划方案，第一次就对非洲投资领域、规模及投资目标进行量化分析，并提出了相关的指导意见。这标志着中国对非投资工作开始孕育面向 21 世纪的战略转变，即由贸易型投资逐渐向资源开发类投资转变。为此，整个 90 年代，中国对非洲投资进入稳定成长期，投资领域由纺织、农产品加工、机械装备向矿业、制造业、服务业拓展；投资主体从以国营企业为主，发展到国有、民营和个体从业者共同参与；投资方式既有独资，也有合资，企业国际化经营水平有所提高，对非投资多元化格局逐步形成。

三 对非洲投资的蓬勃发展阶段（2000年至今）

2000年中非合作论坛成立，2006年中国政府颁布《中国对非洲政策文件》，同年召开中非合作论坛北京峰会，对非政策措施更加明显地向经贸关系倾斜。尤其是创立中非发展基金、设立经贸合作区等新举措的不断出台激发了中国企业对非洲投资的热情，大型国有企业在非洲快速发展扩张，民营企业在非洲进行贸易投资的行业和地区迅速扩大，逐步涉及诸多领域。中国对非洲的直接投资流量从2000年的2.1亿美元增加到2010年的21.1亿美元，年均增长26%。截至2016年年底，中国对非直接投资存量达到398.8亿美元，投资企业3254家，涉及矿业、能源、建筑业、加工制造、农业、电信等诸多领域，覆盖52个非洲国家和8个地区。目前，中国企业未涉及的非洲国家只有索马里和斯威士兰2个国家，以及加那利群岛、赛卜泰、留尼汪、梅利利亚、马约特和西撒哈拉6个地区。①

① 中国商务部、国家统计局、国家外汇管理局：《2016年中国对外直接投资统计公报》，中国统计出版社2017年版，第41页。

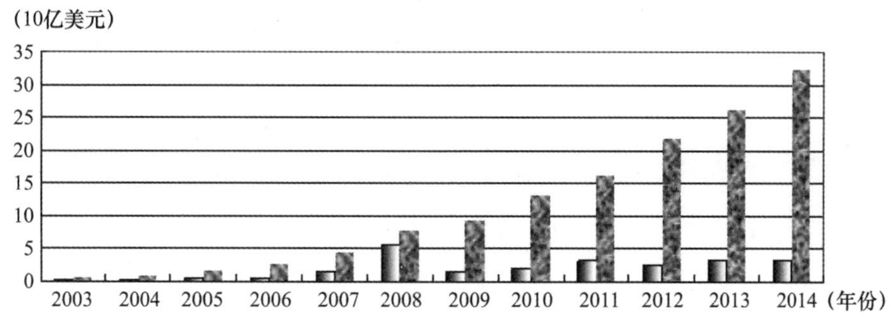

图 1－1　2003—2014 年中国对非洲投资走势

资料来源：中国商务部、国家统计局、国家外汇管理局：《中国对外直接投资统计公报》（2003—2014 年度）。

第二节　中国在非洲直接投资的特点

进入 21 世纪以来，非洲经济整体进入持续增长的快车道，成为全球经济增长新的一极，且许多国家积极推进工业化进程，谋求自主可持续发展，快速发展前景可期。与此同时，中国企业也进入了新的发展阶段，“走出去”是中国企业国际化发展的必然选择，也是中国企业发展的必由之路：开拓海外新市场，转移国内过剩产能；在国际范围内寻求资源的最优配置，促进产业结构升级；兼并收购，以完善加强产业链的关键环节，提高企业全球竞争力。在中非合作论坛行动计划引领下，中国企业以更加积极的态度看待非洲发展的机遇，其在走进非洲的过程中能够高度关注非洲国家的发展诉求，为中非投资合作快速发展提供了充足条件和动力。中国的对非投资呈现如下6个特点。

一 投资规模不断扩大

根据中国商务部统计数据，2010—2016年，在国际对非洲直接投资不断下降的背景下，中国对非洲直接投资增速总体强于非洲整体FDI流入额增长。投资存量从2010年的162.4亿美元增长到2016年的398.8亿美元。[①] 2017年6月，美国麦肯锡公司发表的研究报告《龙狮共舞——中非经济合作现状如何，未来又将如何发展》指出，中国对非投资的实际金额比官方数据要高出15%，截至2016年年底，中国对非直接投资存量约为500亿美元。[②] 中国成为对非洲投资存量最大的发展中国家。如果加上中国企业经由香港地区和世界第三地转向非洲的投资，中国对非洲直接投资存量约为1000亿美元，如果中国保持当前的增速，中国有望在未来的十年成为非洲最大的FDI来源国。

然而，联合国贸易和发展会议（UNCTAD）统计数据显示，同欧美发达国家相比，中国对非洲投资仍处于发展的初期阶段。截至2015年年底，美国为对非洲FDI的最大来源国，英国和法国位居第二、第三位，

---

① 中国商务部、国家统计局、国家外汇管理局：《2016年中国对外直接投资统计公报》，中国统计出版社2017年版，第51页。

② McKinsey & Company, *Dance of the lions and Dragons*, June 2017, page 25.

中国位居第四（见图1-2）。根据联合国贸发会、IMF和中国商务部数据综合计算，从流量看，2016年，对非投资占中国对外投资总量的比重仅为1.2%，中国投资流量占非洲吸引FDI比重的4%。从存量看，截至2016年底，中国对非洲直接投资存量398.8亿美元，仅占中国对外直接投资存量的2.9%，占非洲吸引FDI存量（8365.5亿美元）的4.8%，详见表1-1。

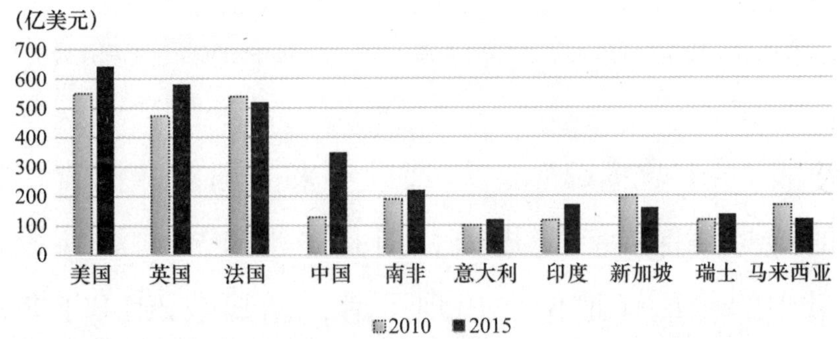

图1-2　2010年和2015年非洲吸引FDI存量排名前十位投资来源国

资料来源：UNCTAD, *World Investment Report* 2017, United Nations, New York and Geneva , 2017, p. 44。

表1-1　**中国对非洲直接投资流量及其在非洲和中国的占比**　（亿美元,%）

指标 \ 年份	2011	2012	2013	2014	2015	2016
中国对非洲直接投资流入额	31.7	25.2	33.7	32.0	29.8	24.0
中国对非洲直接投资存量额	162.4	217.3	261.9	323.5	346.9	398.8
非洲吸引FDI流入额	660.2	775.0	745.5	712.5	615	594
非洲吸引FDI存量额	5991.4	6441.5	6790.0	7091.7	7404.4	8365.5
中国对外直接投资净额	746.5	878.0	1078.4	1231.1	1456.7	1961.5
中国对外直接投资净存量	4247.8	5319.4	6604.8	8826.4	10978.6	13573.9

续表

指标＼年份	2011	2012	2013	2014	2015	2016
中国对非投资在非年 FDI 流入额占比	6.7	4.5	6.2	5.9	4.8	4.0
中国对非投资在非年 FDI 存量额占比	2.7	3.4	3.9	4.6	4.7	4.8
中国对非投资在中国 FDI 流出额占比	4.2	2.9	3.1	2.6	2.0	1.2
中国对非投资在中国 FDI 流出存量占比	3.8	4.1	4.0	4.6	3.2	2.9

资料来源：UNCTADSTAT，中国商务部：《2017 年度中国对外投资统计公报》。

表 1 - 1 数据显示，尽管近年来中国对非洲直接投资的绝对额保持一定规模，但是非洲在中国海外投资流量中的比重（地位）出现下滑，尤其是 2014 年非洲已经失去中国第四大海外投资目的地的地位；而且从非洲方面来看，中国在非洲大陆吸引的外来直接投资的占比一直较低，中国资本并未占据主导地位，存量位居美国、英国、法国之后。客观事实表明，中国对非洲直接投资已然成为蓬勃发展的中非经贸合作中的短板，地位亟待加强。从长远看，较低的投资比重意味着中国企业对非投资仍有巨大的发展空间，未来一段时间内，如果中国对非投资成为中非经贸合作的主要方式，对非投资无疑会较快增长。

二 投资对象国比较集中

2016年，中国境外企业在非洲52个国家和8个地区有投资，覆盖率达到86.7%，但中国资本在非洲的国别分布则呈现明显的不均衡性。从流量来看，2009年中国对非洲直接投资主要流向阿尔及利亚、刚果（金）、尼日利亚、埃及、赞比亚、埃塞俄比亚、乍得、加纳、马达加斯加和南非，上述10个国家流量合计为11.3亿美元，共占当年中国对非投资流量的78.5%；而到了2014年中国对非直接投资主要流向阿尔及利亚、赞比亚、肯尼亚、刚果（布）、尼日利亚、中非、苏丹、坦桑尼亚和埃及，流量共计26.5亿美元，占当年中国对非洲直接投资流量的82.8%。2016年中国对非直接投资重点流向南非、加纳、埃塞俄比亚、安哥拉、喀麦隆、毛里塔尼亚、尼日利亚、乌干达、赞比亚和埃及，10国合计投资金额为25.7亿美元，超过当年中国对非投资净流入额。从投资存量来看，截至2009年年底，中国对非洲投资存量最多的10个国家依次是南非、尼日利亚、赞比亚、阿尔及利亚、苏丹、刚果（金）、埃及、埃塞俄比亚、毛里求斯和马达加斯加，10国存量共计68.1亿美元，占比为73.9%。随后几年，中国加大了对津巴布韦、肯尼亚、坦桑尼亚等东南部非洲国家的投资力度，使得投资存量前10位的国家发生些许变化。截至2014年年底，中国对非投资存量最多的10国依次是南非、赞比亚、阿尔及利亚、尼日利亚、刚果（金）、苏丹、安哥拉、津巴布韦、加纳和刚果（布），上述10国投资存量合计218.7亿美元，共占中国对非洲全部投资存量的67.6%。截至2016年年底，中国对非洲的直接投资主要集中在南非、刚果（金）、赞比亚、阿尔及利亚、尼日利亚、埃塞俄比亚、加纳、安哥拉、坦桑尼亚，直接投资存量为264.2亿美元，占中国对非直接投资总存量的66.2%。对比2009年、2014年和2016年的国别存量数据，发现中国在非洲投资的国别集中度在不断降低，但仍相对集中。中国的投资主要集中在南非、刚果（金）、赞比亚、阿尔及利亚和尼日利亚5国，这些国家要么是经济发展程度较高的国家，要么就是资源富集国家。

表1-2　2016年中国对非洲及非洲各国FDI流入的存量额和流量额　（万美元）

范围	存量	流量	范围	存量	流量	范围	存量	流量
全非洲	3987747	239873	尼日尔	52530	-2356	摩洛哥	16270	1016
南非	650084	84322	纳米比亚	45357	2168	塞内加尔	14959	1985
刚果（金）	351498	-7892	博茨瓦纳	43750	10620	吉布提	12540	6224
赞比亚	268716	21841	几内亚	41774	3667	多哥	11857	238
阿尔及利亚	255248	-9989	乍得	39664	-6226	贝宁	10251	997
尼日利亚	254168	10850	厄立特里亚	37845	6842	卢旺达	8936	-919

续表

范围	存量	流量	范围	存量	流量	范围	存量	流量
埃塞俄比亚	200065	28214	喀麦隆	36674	11423	几内亚比绍	7016	61
加纳	195827	49061	马里	32001	1295	南苏丹	3703	203
津巴布韦	183900	4295	马达加斯加	29763	-655	中非	3561	40
安哥拉	163321	16449	利比里亚	29730	1114	突尼斯	1630	-322
坦桑尼亚	119199	9457	马拉维	25905	240	佛得角	1523	5
毛里求斯	117620	7233	加蓬	25683	3243	布隆迪	1242	239
苏丹	110434	-68944	塞舌尔	24665	5041	莱索托	663	0
肯尼亚	110270	2967	赤道几内亚	23659	-2491	科摩罗	453	0
乌干达	100647	12151	利比亚	21112	-1705	冈比亚	384	228
埃及	88891	11983	毛里塔尼亚	19336	10879	圣普	38	0
刚果（布）	78291	4913	塞拉利昂	18882	-180	布基纳法索	20	20
莫桑比克	78226	4425	科特迪瓦	17966	5653			

资料来源：中国商务部：《2016 年中国对外直接投资公报》，表格按存量额排序。

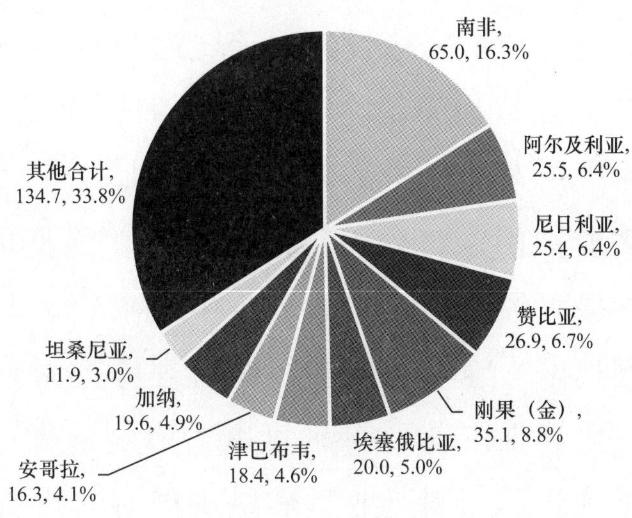

图 1－3　2016 年年末中国对非洲直接投资存量前 10 位国别的金额和占比（亿美元，%）

资料来源：中国商务部、国家统计局、国家外汇管理局：《2016 年度中国对外直接投资统计公报》，中国统计出版社 2017 年版。

三 投资领域逐渐拓宽

随着对非洲投资规模的不断提升，中国企业在非洲投资的领域日益拓展，分布广泛，涉及采矿、制造业、建筑、金融、交通运输、农业、科学研究和技术服务、商贸物流、房地产等多个领域。从投资流量看，2011—2016年，采矿业、建筑业、制造业、金融业是中国对非投资相对集中的领域。采矿业历来是中国对非洲投资的重要指向领域，虽然单个年份的对非矿业投资流量会受到当年国际市场矿产品价格波动的影响而有所起伏，但重要地位不会发生根本性改变。金融业由于国家开发银行、中国进出口银行、中国银行、中国工商银行和中国建设银行等金融机构在非洲设立分行或代表处，为中国企业走进非洲提供金融服务，逐渐成为中国对非投资的新的重要领域之一。建筑业由于众多非洲国家将公路、铁路、港口、水电等基础设施作为振兴经济的优先领域，中国企业又在项目资金、关键技术、施工队伍和组织管理等方面有较强的竞争力，建筑业在2014年一度跃为中国企业对非投资的重要领域之首。制造业虽然是中国对非投资的传统领域，但随着近年来非洲国家工业化战略和中国优势富余产能“走出去”战略的共同推进，以建材、钢铁、家电、汽车和医药为主的制造业逐渐成为中非双方联合打造的投资热点。从投资存量看，截至2016年年底，中国对非洲直接投资存量最多的5个行业依次分别为建筑业（113亿美元）、采矿业（104.1亿美元）、制造业（50.9亿美元）、金融业（45.6亿美元）以及科学研究和技术服务业（19.1亿美元），金额合计332.7亿美元，占中国对非直接投资存量的83.4%（见图1-4）。建筑业、采矿业、金融业、制造业高居中国对非投资行业榜首主要源于资源丰富而资金短缺的非洲国家在经济发展过程中对基础设施和工业化建设有着巨大的需求。

表1-3　2011—2016年中国对非洲投资存量前五大行业分布情况

	2011年		2012年		2013年		2014年		2015年		2016年	
	亿美元	%	亿美元	%	亿美元	%	亿美元	%	亿美元	%	亿美元	%
采矿业	49.7	30.6	54.3	25.0	69.2	26.4	79.2	24.5	95.4	27.5	104.1	26.1
建筑业	26.6	16.4	51.3	23.6	68.4	26.1	79.8	24.7	95.1	27.4	113	28.3
金融业	31.7	19.5	39.1	18.0	36.6	14.0	53.2	16.4	34.2	9.9	45.6	11.4
制造业	24.9	15.3	34.8	16.0	35.1	13.4	44.1	13.6	46.3	13.3	50.9	12.8
科学研究和技术服务	6.7	4.1	8.7	4	13.4	5.1	13.5	4.2	14.6	4.2	19.1	4.8
农业	4.1	2.5	6.5	3.0	—	—	—	—	—	—	—	—
前五项合计	139.6	85.9	188.2	86.6	222.7	85.0	269.8	83.4	285.6	82.3	332.7	83.4

资料来源：中国商务部、国家统计局、国家外汇管理局：《中国对外直接投资统计公报》（2011—2016）；商务国际贸易经济合作研究院：《中国与非洲经贸关系报告》（2010—2017）。

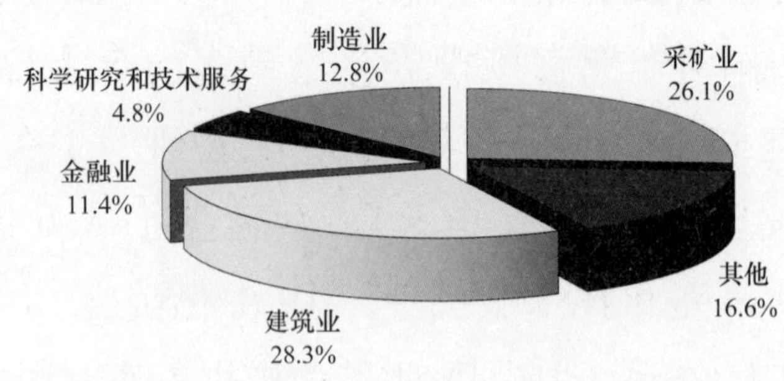

图1-4　截至2016年年底中国对非洲直接投资主要行业分布

资料来源：中国商务部、国家统计局、国家外汇管理局：《2016年度中国对外直接投资统计公报》。

四　单体投资规模呈上升趋势

近年来，中国单个企业对非投资额也提升较快。以苏丹为例，2010年，在商务部登记备案的投资苏丹的企业仅有8家，平均投资金额近400万美元；到了2011年，赴苏丹投资的企业增至36家，平均每家企业的投资金额增加到2500万美元。再以津巴布韦为例，中国每家企业赴津巴布韦的投资额也从2010年的340万美元增加到2011年的3400万美元。从单个项目投资额增长情况看，主要原因可能是涉矿类大型项目比重增大。根据商务部统计，2010年赴津巴布韦登记的项目中，仅有20%左右的涉矿项目，但到2011年，大约有60%的涉矿项目。尽管2014年下半年以来，全球矿产品市场价格低迷，生产不景气，但中国对非洲的矿业投资逆势而上，加快了投资和并购的步伐。2015

年11月，中国电建参股投资的华刚矿业股份有限公司在刚果（金）加丹加省的铜钴矿一期工程正式投产，总投资为67亿美元，为中国在非洲最大的矿业投资项目。2016年5月，洛阳钼业以26.5亿美元收购自由港位于刚果（金）的Tenke Fungurume铜钴矿56%的权益，欲成为全球在产的最大钴矿。矿业属于资本技术密集型产业，大量资本进入该领域，可能拉高单个项目平均投资额。2016年，总投资8亿美元的北汽南非工厂项目奠基，规划年产10万台汽车，建成后将成为南非最大的汽车制造商。

五 投资主体日益多元

过去，投资非洲的主力军无疑为肩负经济援助使命的大型国有企业，这些企业的投资主要集中在基建、能源和矿业开采等领域。随着中国中小企业力量的增强及非洲开发的多层次需求，非洲国家逐步成为以中小企业为主的民营投资的首选，民营企业日益成为中国对非洲投资的生力军。根据中国商务部的数据，1998—2012年，中国有2005家中小企业对非洲进行了3989个项目的投资，遍及非洲49个国家，涵盖17个制造业部门、7个服务业部门和1个采掘业部门。其中，无论是在资源丰富或是贫乏的国家，服务业部门都是中国中小企业的投资热点，项目数量占全部的

60%以上，尤以商务服务和进出口部门的项目最多，分别为1053笔和539笔。在制造业方面，中国中小企业在非洲国家投资项目数量最多的4个国家为尼日利亚、埃及、南非和埃塞俄比亚。同时，有迹象表明，中国中小企业在非洲的制造业和服务业投资地域分布，与大型国企的资源项目、基础设施项目投资如影相随，也就是说国企负责能源、矿产和大型基建项目，民营中小企业去解决其外溢需求，例如进出口服务、餐饮、酒店、家具制造等。另据《2016年度中国对外直接投资统计公报》显示，截至2016年年底，在非洲设立的中国境外企业共有3254家，占中国在境外设立企业的8.8%，其中70%以上的企业是民营中小企业，远超全国海外投资非国有企业46.4%的平均存量水平。但是2017年6月，美国麦肯锡发布的《龙狮共舞——中非经济合作现状如何，未来又将如何发展》认为，中资企业的实际数量是商务部注册数量的2—9倍，据此推算，目前在整个非洲开展业务的中资企业应在1万家以上，其中90%以上都是民营企业。中国在非洲的民营企业大多来自浙江、山东和江苏。例如，2012年浙江对非洲投资的191个项目中有88%的企业属于民营性质，而山东的113个项目中有70%的企业属于民营性质，江苏投资的103个项目中有74%的企业属于民营性质。

六　投资方式逐渐多样化

中国在非洲的直接投资一般采取绿地投资和并购（M&A）两种投资方式，且绿地投资方式多于并购方式。尤其是投资规模相对较小的民营企业和私人投资者多采取绿地投资方式；国有企业和部分大中型民营企业采用国际并购模式的投资逐渐增多，尤其是在能源矿产领域和部分服务业领域，该种方式比较流行。此外，中国对非投资企业正在逐渐探索多种投资模式，并取得了积极的效果。以矿业投资为例，从收购—生产向收购—运营的模式转变，属地化、国际化经营特征显现。金川镍业公司通过收购澳大利亚阿比顿公司控制了赞比亚穆纳利镍矿，但并未直接引入自己的生产队伍，而是采取国际上通行的“甲方乙方”模式，仅派 20 多名工作人员负责生产计划和财务管理，而物资采购、采矿生产、运输后勤等环节全部以招标方式外包给澳大利亚和赞比亚当地公司。

第二章　中国在非洲的产业投资

非洲是中国海外产业投资的重点地区之一。从投资规模来看，中国对非洲三大产业的投资可概括为：尽管农业是非洲各国经济发展的基础产业，但是囿于多种因素的困扰，中国对传统的农林牧渔业的投资占比很小，且明显低于工业和服务业的占比，非洲农业的投资地位亟待提高；尽管工业是中国对非投资的重要产业，主要集中在采矿业、建筑业和制造业，但都处于投资开发的初期阶段；尽管以金融服务业和旅游业为主的中国对非服务业投资增长迅速，且增速高于农业和工业，但是中国对非洲工业的投资存量高于服务业，总之，中国在非洲的产业投资分布不均衡，未来应顺应非洲国家经济结构转型的需要，调整产业投资布局，使其均衡、健康发展。

第一节 中国在非洲的农业投资

农业是非洲发展的基础产业，也是中国与非洲合作的重要领域。经过半个多世纪的发展，中国对非投资规模越来越大，并逐渐成为对非投资的新亮点。然而，同中国其他产业的对非投资相比，农业的投资地位亟待提升。

一 农业成为投资新增长点

中国与非洲农业的投资合作最早起源于中国的对非援助。早期的中非农业合作基本上由政府主导的单方面援助，大型国有农业企业扮演了主要角色。中国政府主要通过援建农业技术示范中心，派遣高级农业专家和农业技术人员，推广农业生产管理经验和实用技术，帮助非洲提高农业自主发展能力。20 世纪80 年代以来，中非农业合作逐渐引入了企业化经营，形成了中国企业在非洲农业领域的独资、合资、承包等多种形式的投资合作。2000 年以来，中国与非洲农业合作进入全面深化的新时期，中国对非洲农业投资呈现快速发展的势头，投资主体和方式也日益多元化。目前除了一些大型国有企业和农业科学研究院所在非洲承担国家的农业援助任务外，中国有实力的农业企业也纷纷到非洲国家开展农业项目合作，民营企业对非洲农业投资也逐渐增多。进入 21 世纪以来，伴随着中国对非投资规模的扩大，中国对非洲农业的投资也在快速增长。2009 年中国对非洲农业投资额为 0. 3 亿美元，到 2013 年已经增加到 1. 27 亿美元，5 年间增加了 3. 2 倍。2015 年中国对非洲农业投资继续保持增势，为 2. 1 亿美元，占全部投资流量的 5. 8%。截至 2015 年年底，中国在非洲农业领域里的投资存量为 10. 3 亿美元，占存量总额的 8%。

二 农业的投资地位亟待提高

尽管中国在非洲农业领域里的直接投资增长迅速，但由于中国在非洲建筑业、交通运输/仓储和邮政业、制造业、采矿业、金融业的直接投资以更快的速度流入非洲，导致中国对非洲直接投资额不断攀升，中国对非洲投资的行业排序也相继出现变化。截至 2015 年年末，中国对非直接投资存量排名前 5 位的分别为采矿业、建筑业、制造业、金融业以及科学研究和技术服务业，存量合计 285. 6 亿美元，占中国对非直接投资存量的 82. 3%。农业作为传统的对非投资行业被挤出前 5 位，中非农业投资的绝对量和相对值都相对薄弱。

三 种植业、渔业、农业服务性为重点

中国对非洲农业的投资主要集中在附加值不高、技术含量较低的行业。以2015年为例，中国对非洲农业投资主要流向渔业（40%）、种植业（28.6%）和与农业相关的服务性行业（25.7%）。从投资存量的行业分布看，截至2015年年末，种植业占53.6%、渔业占20.9%、农副产品加工业占3.4%。中国对非洲农业投资集中在莫桑比克、马达加斯加、南非、赞比亚、坦桑尼亚、苏丹、安哥拉、埃及、喀麦隆、马拉维和摩洛哥等国。中国在非洲投资农业的企业113家，占境外企业总数的14.8%，分布在32个非洲国家，其中种植业企业57家、农林牧渔服务业24家、渔业企业22家、农副产品加工业企业5家、林业企业3家、畜牧业企业2家（见表2-1）。

表2-1 2015年中国在非洲的农业投资情况

行业类别	投资流量	投资存量	企业数量
种植业	5965.2	55193.9	57
林业	0.0	1548.0	3
畜牧业	230.0	2787.0	2
渔业	8798.1	21492.2	22
农副产品加工业	747.4	3615.4	5
农林牧渔服务业	5411.2	1858.0	24

资料来源：《中国对非农业投资合作报告》。

四 投资主体较为多元

国有企业因承担国家援非农业项目任务而最早成为援外方式改革和投资合作的先行军。例如，中国水产总（集团）公司和中国农垦（集团）总公司等大型企业就扮演着重要的角色。其中，中国农垦总公司在非洲与10多个国家有农业合作项目。它在坦桑尼亚的剑麻项目成为中国农业项目"走出去"的亮点。2012年5月，山东外经集团启动在苏丹的棉花投资项目，发起成立了新纪元农业发展有限公司，总投资超过3亿元人民币，首期签署了10万亩土地合作协议，进行农业技术合作、种植、加工和贸易，已建成苏丹最大的棉花加工厂。除此之外，这类项目主要还有赞比亚农场、加蓬木薯加工和农业发展项目、几内亚农业合作开发、加纳可可豆加工以及尼日尔棉花种植等。通过这些中非农业合作项目，中国企业初步探索了按市场经济规律开展境外投资开发的一些经验和做法，既为将来进一步的"走出去"做准备，又以中非农业合作为载体促进了非洲当地的经济发展。随着中非农业合作项目的深入发展，非洲国家的投资环境日渐被中国投资者所了解，于是越来越多的民营企业、个人以独资、合资或参股的方式前往非洲加入对非农业投资的行列，使得中国对非农业投资主体更加多元。例如，河北石家庄雄狮牧业投资喀麦隆家禽养殖，中非棉业与中非基金合作投资马拉维等4国的棉花种植，内蒙古鹿王集团在马达加斯加开展农牧产品加工，四川新希望集团投资埃及饲料生产项目，安琪酵母股份有限公司投资埃及肥料生产项目，河南中非洋皮业股份有限公司在埃塞俄比亚从事农牧产品加工项目，辽宁大平渔业公司和大连雁鸣渔业公司在安哥拉投资渔业，艾飞木业有限公司在赞比亚投资林业，这些民营企业在非经营方式灵活，成为对非农业投资中不可或缺的力量。

五　投资模式灵活多样

伴随着中国对非农业投资主体的多元化，中国企业在非洲投资的经营方式也更加灵活多样，主要有传统国有农场、农工商一体化经营、农业示范中心等。

1. 国有农场独自经营模式

该种经营方式就是将农场的生产、加工和销售等环节全部纳入现代企业规范化制度化管理。采取这一模式的主体一般是对非农业投资中的大型国有性质的农垦企业，他们在中国对非农业投资中占据着非常重要的地位，在农业灌溉、水利农田修建、农产品加工以及农业企业经营管理方面都有成熟的技术和经验。截止到 2011 年中国农垦总公司已经在非洲成功开发了6 个农业投资项目，项目金额达 3800 万美元。江苏农垦集团在非洲有4个农场，其中喜洋洋农场已经发展成为赞比亚首都卢萨卡四大蔬菜供应商之一，中华农场开办的肉食连锁店深受卢萨卡市民喜爱。江苏农垦集团机械化作业生产方式和规范化制度化经营管理体制为当地农业企业运营起到了重要的示范作用。中农发集团在非洲投资开发7个农场，其中位于坦桑尼亚达累斯萨拉姆的鲁代瓦剑麻农场就是较为成功的例子，短短几年，鲁代瓦剑麻农场克服各种困难，发展成为坦桑尼亚第六大剑麻公司，产品远销欧洲和中国。2006年中非合作论坛北京峰会后，在政府支持下，中农发集团加快步伐，积极承担一批非洲农业综合开发示范项目，建立起新型的复合型高科技农业基地。

2. 民营企业加工销售模式

非洲农产品加工能力低下，未加工农产品的贸易占非洲农产品贸易的绝大部分，不合理的农业原料和工业制成品之间的价格剪刀差是一直以来制约非洲经济发展的重要原因之一。中国在农产品加工业领域已经具备了比较成熟的技术和经验，有能力满足将非洲农业原料加工成为适销对路的农业制成品的要求。中国有大量资金雄厚的民营企业，它们普遍拥有完善有效的销售渠道，部分民营企业甚至有自己独立的研发机构，这使它们具备因地制宜开发适应当地非洲民众需求的产品。如内蒙古鹿王羊绒集团，在马达加斯加投资羊绒加工业，利用当地丰富优质的羊毛资源加工出口羊毛衫，在满足当地市场需求的基础之上大力推进产品出口，其产品已经打入欧洲及北美市场，赢得极好口碑。

3. 企业+农户的模式

该模式主要是中非发展基金创立后，充分发挥“投资+贷款”组合融资与融智优势，大胆探索出的一种支持中国农企投资非洲种植业与加工项目的新投资模式和方法。以中非棉业项目为例，2009年该项目由中非基金与青岛3家棉花企业（青岛瑞昌棉业公司、青岛汇富纺织有限公司、中国彩棉集团股份有限公司）共同投资，采取“企业+农户”式的订单生产模式，将国内成熟的棉花育种、种植、田间管理和加工技术带入当地，使棉花单产和质量大幅提高。与此同时，将棉籽加工成食用油，延长了产业链，增加了附加值，节省了当地食用油进口的外汇支出。该项目首先在马拉维成功运作，并很快被复制到莫桑比克、赞比亚和津巴布韦等多个非洲重要产棉国。2011年，中非棉业项目累计收购棉花近4万吨，带动约11万农户、60多万农民增收，推动了当地农业产业升级和民生改善。

4. 援非农业示范中心——援助+投资的模式

援非农业技术示范中心是中国政府在2006年中非合作论坛北京峰会上宣布的一项重要举措。它是为改变中国传统援助“交钥匙工程”模式，解决援助项目可持续发展问题，并为中国农业“走出去”搭建平台的一种新探索，是一种先援助后投资的合作模式。目前，中国共规划在非洲设立22个农业示范中心，其中14个已经竣工并投入运营。山东外经承建的苏丹棉花项目、中农发承建的贝宁中心在开展多种经营方面，湖北农垦承建的莫桑比克中心、湖南农科院承建的马达加斯加中心在推广杂交水稻种植方面都取得了良好的社会和经济效益，较好地配合了中国整体对非外交战略，提高了受援国的农业生产能力。

此外，中国对非洲的农业投资还有合资的模式（以中国轻工业对外经济技术合作公司与马里政府合资经营的上卡拉糖联股份有限公司为代表）和租赁经营的模式（以中国成套设备进出口总公司在非洲多哥、贝宁等5国经营的7家糖厂为代表）。这些由援外转为投资合作的经营模式在非洲当地较受欢迎。其产品不仅满足非洲当地市场的需求，而且远销欧盟国家；不仅企业受益，同样造福了非洲当地民众，被非洲民众喻为“甜蜜事业”。

第二节　中国在非洲的工业投资

非洲的工业发展水平比较落后，主要由采矿业和轻工制造业组成。对此，中国对两个部门进行了重点的投资。为了发挥非洲国家能源资源储备丰裕的优势，继而弥补中国资源短缺的迫切需要，矿业投资无疑成为中非工业合作的重点领域。进入21世纪以来，非洲国家实现城市化、工业化呼声高涨，中国经济产业结构调整也需要向外转移制造业和基建行业的富余产能，为此，中国加大了对非建筑业和制造业投资力度，使得建筑业和制造业在中非投资合作中的规模不断扩大。

一 对非洲采矿业的投资

非洲得天独厚的资源禀赋决定了非洲各国选择的是以资源开发为主的经济发展道路，也为中国开展对非投资指出了重要方向。1994年，陕西地矿局与加纳本科福合资开发恩科金矿（中方投资1亿元，持股10%），成为中国对非矿业投资的“第一单”。2000年前后，中国有色、五矿集团、白银有色、金川集团、中电投等中国企业在非洲拿下诸多项目。2008年国际金融危机后，中国企业加大对非洲矿业投资力度，并购活跃，上亿美元的大项目明显增多，推动中国对非洲矿业投资的规模不断扩大。从投资流量看，2011—2016年，受国际大宗商品价格波动和国内多重因素影响，中国对非洲的矿业投资波幅较大（见图2－1），6年流量均值约为12亿美元。从投资存量看，中国对非矿业投资从2011年年底的49.7亿美元扩大到2013年年底的69.2亿美元，使得矿业投资一直高居中国对非行业投资的榜首。然而，2014年以来，由于中国对非洲投资产业结构日趋多元化，矿业投资所占比例却从2011年的30.6%下降到2014年的24.5%，2015年提升到27.5%，2016年又降到26.1%，但矿业仍高居中国对非投资行业的第二位（见表2-2），仅次于建筑业。有分析显示，中国企业在非洲矿业投资具有撒哈拉以南非洲地区投资项目多于北部、沿海多于内陆的分布特点。截至2011年年底，中国在非洲进行矿业投资的大中型企业共有40多家，主要分布在南非、苏丹、赞比亚、刚果（金）、津巴布韦和安哥拉等16个对华友好的国家。

尽管中国对非洲矿业投资发展势头良好，但较之欧美发达国家，中国在对非矿业投资项目数和投资存量上都明显落后于美国、英国、法国、澳大利亚和加拿大等国，中非矿业合作尚处于起步阶段，具有如下特点。

1. 国有矿企是中国对非矿业投资的主力军，但投资实力普遍不强，风险不容忽视

中国共有五类企业涉足非洲矿业开发，分别为矿业企业、冶金企业、勘探企业、工程企业以及其他多元化企业，其中以矿业企业和冶金企业为主。在上述五类企业中，国有企业占比高达70%，且实力明显高

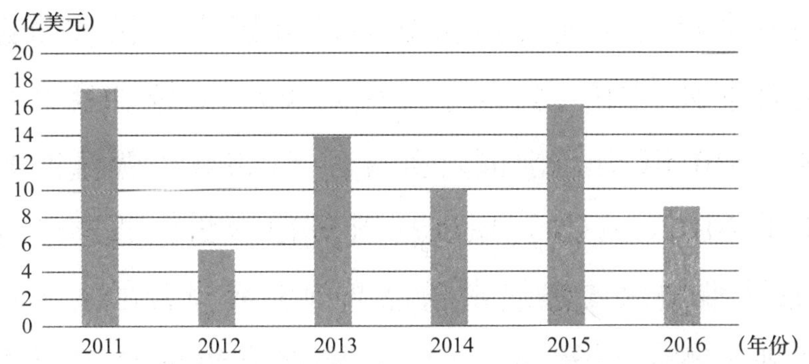

图 2-1 2011—2016 年中国对非洲矿业直接投资流量变化

资料来源：根据 2011—2017 年度《中国对外直接投资统计公报》相关数据编制。

表 2-2 2011—2016 年中国对非洲矿业投资情况 (亿美元,%)

行业类别	2011 年		2012 年		2013 年		2014 年		2015 年		2016 年	
	流量	存量	流量	存量	流量	存量	流量	存量	流量	存量	流量	存量
矿业	17.4	49.7	5.6	55.3	13.9	69.2	10.0	79.2	16.2	95.4	8.7	104.1
矿业占比	54.9	30.6	22.2	25.4	41.2	26.4	31.3	24.5	54.4	27.5	36.3	26.1

资料来源：根据 2011—2017 年度《中国对外直接投资统计公报》相关数据编制。

于民营企业；民营企业虽然整体实力弱于国有企业，但日益成为非洲矿业领域投资中一股不可忽视的重要力量。涉足非洲矿业的五类企业均能结合自身业务特点开展对非矿业投资：矿业企业选择主业矿种逐步开展对非矿业投资；冶金企业在战略利益和生存需求的双重驱动下努力追求对上游资源的控制；勘探企业在对非洲勘探过程中投资中小矿山；工程企业结合工程项目寻求投资机会；其他企业结合主营业务在对非运营过程中向上游产业扩展或在矿业投资利润的吸引下开展矿业投资。但与国际矿业巨头相比，中国在非涉矿企业投资规模偏小，例如，中国五矿集团资产规模仅相当于必和必拓公司市值的1/5，中国有色资产规模仅相当于必和必拓公司市值的1/10。另外，中国企业的资金实力、非洲矿业运营经验、国际化管理团队、国际竞争力等方面也相对弱势。一些中国企业对非洲矿业投资规则、风险掌控不够，自身资金和投资经验严重不足，拿到矿权后无力开发的现象屡见不鲜。此外，有限的项目呈散点式分布，尚未构成明显的区位优势。

2. 企业采取并购和绿地两种方式介入非洲矿业，并根据企业业务特点而选择不同的阶段介入

众所周知，西方国家的跨国矿企在非洲矿业资源勘探和开发领域一直占据主导地位，许多优质矿产已经控制在欧美等国的矿业巨头手中。为获取优质项目资源，有能力的中资企业大多通过收购欧美矿企在非洲的子公司的方式介入。同时，中国企业还大量参与绿地类探矿项目，争取勘探权。具体到中国对非开展矿业投资的五类企业，其投资能力和行业背景差异巨大，各自对矿业投资的阶段明显不同。矿业企业资金实力相对雄厚，从西方或非洲本土矿企手中大股比购买矿山资源的案例较

多，选择在产矿山的案例较多。冶金企业资源饥渴程度高，选择从西方或非洲本土企业手中大股比购买矿山的资源也较多，且更多选择在产矿山，尽快实施开采，并获取权益矿。勘探企业则通常在勘探过程中选择将中小矿山勘探权转为采矿权。工程企业结合工程项目探寻投资机会，开创并尝试“项目换资源”的投资合作模式。其他类企业总体合作能力不强，部分企业从非洲政府或合作伙伴手里拿到探矿权或采矿权后倾向于寻求与其他中国企业共同开展投资。

3. 中国企业结合国家战略和企业业务需求选择紧缺矿种，已投矿种较为单一，资源品位中等

在矿种选择上，中国企业一直奉行“补缺、补紧、补劣”的原则。到目前为止，中国企业在非洲投资矿种较为单一，铁矿数目占大多数，铜矿、铬矿和铀矿占一定比例，另有少量的贵金属矿项目。其中，国有矿业企业在国家战略和利润驱动下主要投资铁、铜、铬等国内高需求的矿种；冶金企业出于企业自身生存和发展的考虑追求对铁矿、铬矿等上游资源的控制；勘探企业和工程企业以及其他类企业则根据经营所在地的资源禀赋等选择矿种。目前，在非洲已经发现的优质矿山基本掌握在美国、英国、法国、澳大利亚和加拿大等发达国家的矿企和个别非洲本土矿企手中；中国已投项目与欧美企业合作或从欧美企业收购获得的资源品位较高，自主勘

探开发获取的资源品位普遍中等。

4. 在非涉矿企业受到西方遏制，多热衷于与非洲本土企业及中国企业间的合作

因矿业利益、竞争地位、企业规模和文化理念等方面的差异，西方国家矿企对中国参与非洲矿业开发持遏制态度。西方矿企还通过其利益代理人、非政府组织和媒体发声，提出中国搞“新殖民主义”和“资源掠夺论”，试图延缓中国企业进入非洲矿业市场的步伐。在此背景下，中国企业在非洲矿业投资过程中大多时候选择与非洲政府、当地企业或其他中国公司开展合作，与西方矿企的合作案例相对较少。在同西方企业的合作案例中，除大股比收购西方企业或旗下矿业项目外，同西方企业合作时通常无法获得项目控制权。

5. 中国企业对配建资源加工项目或基建工程项目态度积极，仍受到“资源民族主义”的困扰

中国国内的资源饥渴决定了中国企业对非洲矿业投资和开发的模式，大多希望加快对非洲矿业资源的开发，并尽快获取权益矿，多数项目均在东道国配建精选、提炼或冶炼厂等资源深加工项目，在客观上形成了企业策略与东道国加快经济社会发展诉求一致的局面。尤其对于大型项目，为获得东道国政府的支持，中国企业更是对配建基础设施持积极态度，带动项目周边道路、港口和其他配套基础设施的完善。尽管如

此，非洲大陆“资源民主主义”的抬头，外资监管日趋收紧仍对中国企业投资非洲矿业产生诸多羁绊。非洲多国政府通过提高税费、扩大占股比例、矿权重审、管理介入等手段强化对矿业领域的行政干预，大大增加了中国矿业投资者的投资风险和资金压力。尤其是2014年下半年以来，全球大宗商品价格进入下行通道，非洲开矿的各种税费不降反升，严重挤压了企业的赢利空间，一些中国企业被迫停止生产，有的企业出现严重损失。例如，甘肃金川集团的赞比亚穆纳利镍矿山就因镍价格下降，而各种税费有增无减，生产无利可图而处于停产维护状态。非洲矿业公司破产面临退市，山东钢铁只好接手了非洲矿业的债务，但因其投资的铁矿石项目地处西非埃博拉病毒重灾区，加之铁矿石价格低迷，很难恢复生产。

二　制造业的投资

制造业是非洲经济发展的短板，也是中国对非投资的重要领域之一。中国对非洲制造业投资最早起源于援非成套项目。当时担当外援任务的大型国有企业为了规避贸易壁垒、扩大产品市场，以及完成矿产资源的就地加工等，开始转型并担当投资合作的主体，投资以纺织、服装加工为主的非洲制造业。后来，随着国内外市场环境变化，市场开拓、资源加工、产业转移和战略进入的相继提出，中国对非洲制造业的投资逐渐扩展到汽车、家电等领域，呈现出多元化趋势。与此同时，对非制造业投资主体也逐渐转变为国有企业和民营企业并存、大中小型企业并存的局面。

1. 对非制造业投资规模扩大、领域拓宽

中国制造业对外投资起步晚、规模小，在中国对外直接投资总金额中的比重不大。截至2011年，在中国对外直接投资存量中，制造业仅占7.7%。经过6年的发展，中国加大了对制造业的投资力度，使得制造业在中国对非洲直接投资存量中的占比上升到2016年的12.8%（见表2－3）。相比投资金额巨大的资源、基础设施类项目，制造业投资项目具有资金投入规模小的特点，是其在总投资额占比较低的重要原因。从2016年设立的境外企业数量看，制造业占到企业总数的31.2%，居各行业之首，反映了中国对外制造业投资的活跃程度。[①] 中国在非洲的制造业领域也从最初的纺织服装扩展到汽车及零配件行业、家电业、建材工业、医药制造业、机械制造、新能源等行业。中国对非洲制造业的投资，不仅改善了当地商品供应的紧缺现状，还通过带动产品出口，大力促进了当地外向型经济的发展。

① 中国商务部、国家统计局、国家外汇管理局：《2016年中国对外直接投资统计公报》，第39页。

表 2-3　2011—2016 年中国对非洲制造业投资情况　（亿美元,%）

行业类别	2011 年		2012 年		2013 年		2014 年		2015 年		2016 年	
	流量	存量	流量	存量	流量	存量	流量	存量	流量	存量	流量	存量
制造业	2.44	25.04	5.04	30.1	5.0	35.1	9.0	44.1	2.2	46.3	4.6	50.9
制造业占比	15.3	7.7	20.0	16	14.8	13.4	27.8	13.6	7.4	13.3	19.2	12.8

资料来源：根据 2011—2017 年度《中国对外直接投资统计公报》相关数据编制。

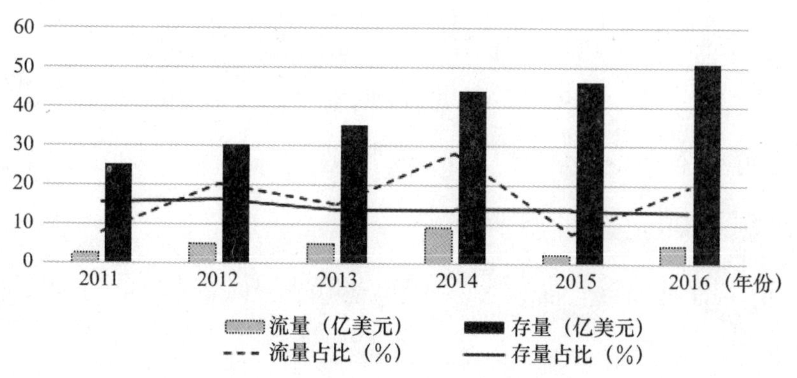

图 2-2　2011—2016 年中国对非洲制造业投资情况

资料来源：根据 2011—2017 年度《中国对外直接投资统计公报》相关数据编制。

2. 对非制造业投资主体、形式多元化

制造业领域对非投资主体早期也以国有企业为主，主要分布在纺织服装、机械制造等行业。其后，由于该领域进入门槛较低，民营及中小型企业所占比重迅速扩大。这些企业以其灵敏的市场嗅觉、较强的适应性、高效的决策方式、灵活的经营机制，成为对非制造业投资的重要力量。尤其是江浙、广东等民营经济

较为发达的沿海省份，对非洲纺织、家电等行业的投资最为活跃。

对非制造业投资也呈现多种形式。除新建、并购、独资、合资、参股等方式之外，中国政府和企业还创造性地探索形成了经贸合作区等投资形式。2006 年，中国商务部正式启动境外经贸合作区审批工作，首批启动的在非洲的经贸合作区共有 6 个，分别在赞比亚、尼日利亚、埃及、埃塞俄比亚和毛里求斯。经贸合作还有利于发挥制造业企业的集群效益，将极大地促进中国对非矿产品加工、机械制造、建材、纺织、汽车组装领域的投资。

3. 对非制造业投资国别分布集中、投资行业因国而异

就制造业投资的国别分布而言，基于一些国家的资源禀赋和工业基础，中国对非工业投资的行业分布也较为集中。此外，稳定的投资环境及良好的市场辐射条件，也是中国企业开展产业合作的重要条件。南非、赞比亚、尼日利亚、安哥拉、苏丹、阿尔及利亚、埃塞俄比亚、坦桑尼亚、刚果（金）、肯尼亚和埃及等国是中国投资的重点。投资领域受制于非洲各国的工业化发展水平，一般国家投资食品加工、纺织服装等轻工业部门，且单个项目的投资规模较小，而在工业化程度较高的南非、埃及、阿尔及利亚和赞比亚等国，中国制造业

对接的行业包括汽车装配、化工、机械制造、矿业冶炼等重工业领域，且单个项目投资规模较大。

三 建筑业的投资

长期以来，基础设施落后是许多非洲国家经济和社会发展的瓶颈。缺乏资金、关键技术和施工队伍是非洲国家建筑业面临的主要困难。中国和非洲国家在建筑业领域的合作是伴随着中国对非援助发展起来的。60 多年来，中国提供援助，帮助非洲国家建设了一大批包括厂房、矿金、铁路、桥梁、港口、公路、管线、住宅及体育场、会议大厦等公共设施项目。通过援助项目的实施，中国企业开始投资非洲建筑市场，并凭借资金、关键技术、施工队伍和组织管理等方面的性价比竞争优势，在非洲承建了一大批有影响的项目，既保障工程质量，又保证交付速度，赢得了非洲国家的广泛赞誉，双方在建筑业的投资合作逐步展开。进入 21 世纪以来，无论是从国家层面，还是从区域、全非洲层面，基础设施建设和升级都是非洲经济发展的优先选项，非洲国家对基础设施建设的巨大需求拉动中国对非洲建筑业的投资。2012—2015 年，中国对非基建投资以每年 16% 的速度增长，中国对非洲建筑业投资的规模不断扩大，投资存量从 2011 年的 26.6 亿美元扩大到 2016 年的 113 亿美元，投资占比也逐渐提高，从2011年的16.4%提高到2016年的28.3%。[①] 世界银行、非洲开发银行等相关研究报告显示，中国是非洲最大的双边基础设施融资方（见表2-4），中国已成为非洲基础设施投资和建设的主力军。中国交通建设、中铁、中国水利水电建设、中国建筑工程、中国铁建和中信建设成为闻名非洲大陆的基建企业。

表2-4　　非洲基础设施融资来源及额度　　（亿美元）

资金来源	2012年	2013年	2014年	2015年	2016年	2012—2016年均值
非洲国家政府	263	305	436	240	263	301
ICA成员捐赠	187	253	188	198	186	202
多边开发银行和其他双边金融支持	17	20	35	24	31	25
中国	137	134	31	209	64	115
阿拉伯国家	52	33	34	44	55	44
私人部门	95	88	29	74	26	62
汇总	751	833	753	789	625	749

资料来源：African Development Bank, *Africa Economic Outlook* 2018, p. 82.

第三节　中国在非洲服务业的投资

中国对非洲服务业的投资是中国对非投资的细分

① 商务部国际贸易经济合作研究院：《中国与非洲经贸关系报告（2011年度）》，第5页；商务部国际贸易经济合作研究院：《中国与非洲经贸关系报告（2017年度）》，第11页。

领域，其发展历程与中国对非投资的总体历程一致，投资规模从小到大、投资领域逐渐拓宽、社会经济效益日益凸显。进入21世纪，虽然中国对服务业的投资项目越来越多，但从各项指标考量来看，中国对非服务业投资仍处于初始阶段，但发展潜力巨大。

一 服务业成为新亮点

20世纪90年代到2000年年底，中国对非服务业投资额占中国对非投资总额的18.3%。进入21世纪，伴随着非洲各国民众对服务业需求的猛增，中国对非洲服务业的投资迅速增长。2010年，中国对非洲服务业投资占对非投资总额的比重创纪录地达到了37.3%；2011—2014年，中国对非洲服务业投资占中国对非投资总额的比重分别为14.5%、29.4%、13.3%和26.2%。从投资存量看，截至2016年年底，中国对非洲直接投资存量最多的5个行业中有2个属于服务业门类，分别是金融业、科学研究和技术服务业，投资存量分别为45.6亿美元和19.1亿美元，分别占中国对非洲投资存量的11.4%和4.8%。[①]

从绝对投资额来看，中国对非洲服务业的投资金额仍然很少；从中国对非洲服务业投资占中国对非洲

① 中国商务部、国家统计局、国家外汇管理局：《2016年中国对外直接投资统计公报》，第25页。

投资总额占比来看，远远低于中国对外服务业投资占对外投资的比例，也远远低于国际平均水平。2000年的占比较高，并不能代表整体水平和阶段的提升。而从评判“走出去”企业的管理水平、品牌、金融手段运用、产品的研发水平、创新能力，以及民营企业投资占比等指标来衡量，中国对非洲服务业投资仍然处于非常初期的阶段，发展潜力很大。

二 服务业投资的行业与国别分布

目前对非洲服务业投资的主要行业包括金融业、租赁和商务服务业、批发零售业、电信业、交通运输/仓储和邮政业、科学研究和技术服务业等。其中，金融业已跃居中国对非投资增长最快的领域，截至2010年年底，中国对非洲金融业直接投资额占中国对非直接投资总额的25.4%。2010年对其他服务业领域投资情况为：对科学研究和技术服务业、地质勘查业投资占4%，租赁和商务服务业占3.8%，批发零售业占2.8%，房地产业占1.3%，服务业投资合计占中国当年对非投资总额的37.3%，创下迄今为止的历史最高水平。[①] 此后，中国对非服务业（含金融业、科学研究和技术服务业、交通运输/仓储和邮政业、租赁和商

① 商务部国际贸易经济合作研究院：《中国与非洲经贸关系报告（2011年度）》，第6页。

务服务业）投资继续处于升势。根据《中国对外直接投资统计公报》中国对非洲投资流量前五大行业分布的相关数据汇总，中国对非服务业投资至少从 2011 年的 4.6 亿美元提高到 2014 年的 7.3 亿美元；同期，服务业的占比也从 14.5% 提高到 26.2%。[①]

至于中国在非洲投资服务业的重点国家，鉴于相关数据的稀缺性，因此无法进行详细和准确的国别分布分析，但从已实际发生的大中型服务业投资项目分布来看，应主要集中在经济较发达的国家和地区，包括南非、埃塞俄比亚、肯尼亚、安哥拉等国家。

三 金融类投资成效显著

目前，中国已加入非洲开发银行、西非开发银行、东南非贸易与开发银行等区域和次区域多边开发机构。中国人民银行早在 1985 年即已加入非洲开发银行（简称“非行”），目前在非行的持股占比为 1.18%，向非行捐资 200 亿美元设立的双边技术基金已经累计资助 20 余个技术援助项目，余额约 25 亿美元。中资企业在非行融资项目中的中标金额累计超过 40 亿美元，稳居首位。此外，中国人民银行在非洲开发基金持股比例为 1.01%。与非行共同设立的规模为 20 亿美元的联合

---

① 根据中国商务部、国家统计局、国家外汇管理局 2012 年度、2016 年度的《中国对外直接投资统计公报》相关数据计算而得。

融资“非洲共同增长基金”（African Growing Together Fund）目前累计承诺出资 2.3 亿美元，项目主要涉及基础设施建设领域，覆盖赞比亚、坦桑尼亚、尼日利亚和突尼斯 4 国，为拓展外汇储备多元化运用和提升中国形象发挥了积极作用。中国人民银行于 2004 年 10 月入股西非开发银行，在该行拥有独立的董事席位，与西非开发银行设立双边技术合作基金，主要用于技术援助和人员培训项目。[①] 中国人民银行于 2000 年 8 月正式加入东南非贸易与开发银行，持股占比达 10%，是该行唯一的非洲以外成员国，拥有独立的董事席位。入股东南非贸易与开发银行是中国外汇储备多元化运用的体现，为中国企业进一步走进非洲打下了良好的基础，有利于推进东南部非洲的一体化进程。

① 张春宇、唐军：《中非金融合作的进展》，《亚非纵横》2014 年第 1 期，第 99 页。

第三章　中国在非洲直接投资的总体评估

在中非双边的共同重视和努力下，经过多年的发展，中国企业对非洲的投资取得了显著的成就。对此，非洲民众以及越来越多的西方有识之士对此进行了比较公正、客观的评价，普遍认为，中非投资合作为非洲社会经济发展开启了“机会之窗”，增强了非洲自主发展能力，也带动了国际社会对非合作的发展。与此同时，一些西方媒体也在抹黑中国在非洲的投资，将中国说成是“资源掠夺者”“新殖民主义者”，指责中国发展对非关系只追求经济利益，在非洲和平与安全事务中不尽责等。面对这种论调，中国学者有必要给予正面回应，给外界展现一个真实的中国在非洲投资的形象。

第一节　对非投资增强了非洲自主发展的能力

中国对非洲的投资历来以互利共赢为宗旨。中国在非洲投资不仅促进了中国企业自身的发展，而且帮助非洲国家提高了产业技术水平，扩大了就业，增加了外汇收入，改善了人民生活，促进了经济和社会的共同进步。

一　中非经济增长显著正相关

20 世纪 90 年代中期以来，随着中国与非洲经贸交往的日益密切，中国与非洲经济增长的轨迹呈现明显的正相关（见图 3－1）。1996—2008 年，中国经济与非洲经济增长相关性系数为 0.75，呈现“同步”增长。中国成为拉动非洲经济增长的新动力。然而，2008—2014 年，非洲经济由于受国际金融危机蔓延和 2011 年北非动荡等诸多不确定因素的干扰，增长轨迹出现异样波动，导致与中国经济增长的相关性有所减弱，2008—2014 年非洲经济与中国经济增长的相关性系数降为 0.57，但非洲经济依旧从包括投资在内的中非经贸交往中受益。例如，在国际金融危机蔓延的 2009 年，在西方跨国公司不断从赞比亚等国撤资减产或裁员时候，中国对非洲投资逆势而上，与非洲国家携手共克时艰。2009 年前三个季度，中国对非直接投资（非金融类）8.75 亿美元，同比增长 78.6%，是中国对全球直接投资增长较快的地区之一。2014 年下半年以来，尽管世界能矿产品价格低迷，采掘业不景气，中国能矿企业仍在刚果（金）、安哥拉、赞比亚等国接受了英国等国跨国公司剥离的资产，中国继续助力非洲经济实现自主发展。

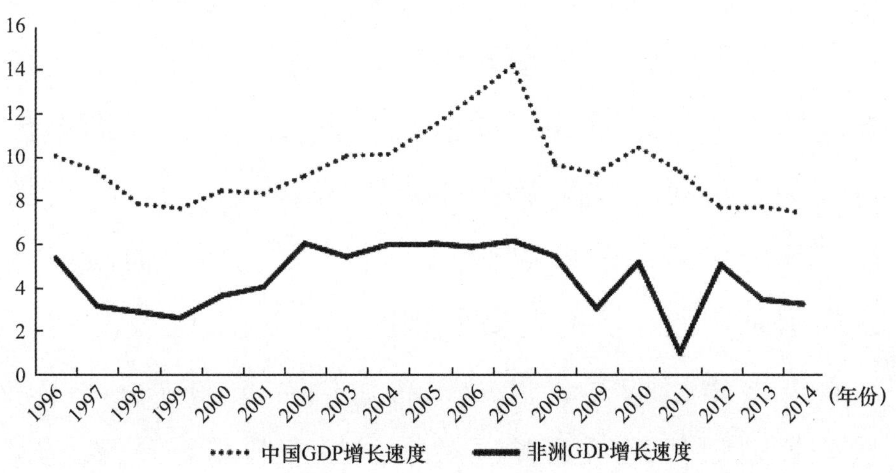

图 3－1　1996—2014 年中国和非洲经济增长走势（%）

20 世纪 90 年代中期以来，非洲的经济连续多年保持5%的增长步伐，成为全球经济增长的重要一极。究其原因，中国无疑是非洲经济增长的新动力。包括中国投资在内蓬勃发展的中非经贸关系发挥了经济的推动作用。不仅中方持有此种观点，非洲方面也普遍认同。2009 年 10 月，卢旺达总统卡加梅在接受德国媒体采访时指出，中国对非洲的投资促进了非洲国家的经济发展和基础设施建设，为非洲带来了非洲政府和企业所急需的投资和资金，并使非洲在国际关系中成为平等的伙伴。而西方国家却只是在一直不断地掠夺非洲的资源和破坏非洲的环境，并没有帮助非洲国家实现发展。南非边疆顾问公司首席执行官马丁·戴韦斯认为，非洲经济之所以能够在 2008 年国际金融危机冲击下依旧实现较快发展，中非贸易的快速发展和中国对非投资的快速增长在其中发挥了重要作用；中国在非洲的投资与非洲 GDP 增长几乎同步。博茨瓦纳央行行长莫浩霍女士对戴韦斯的观点表示赞同，她说，“虽然我认为中国不是解决非洲经济的万能药，但是我承认中国是非洲经济的重要催化剂”。

值得指出的是，世界银行、国际货币基金组织、欧美等国知名智库学者也对中国对非投资给予了较为客观的积极评价，普遍认为中国作为非洲经济伙伴的重要性越来越高。2012 年 3 月，世界银行高级官员称，中国将在未来数年内为非洲创造 8500 万个制造业岗位。由于中国工人工资的快速上涨，生产劳动密集型产品的中国制造企业正在积极寻找工人工资更低的地区进行投资，以保持其产品的全球竞争力，这将为非洲带来巨大的商业机会。2015 年 8 月，国际货币基金组织发布工作文件《基于全球通用模式（FSGM）视角看中国对撒哈拉以南非洲的溢出》分析评估中国对非洲经济的溢出效应。文件认为，过去15年，撒哈拉以南非洲国家普遍通过与中国的贸易、投资和金融支持获得经济增长的动力，中国对非洲经济体普遍具有溢出效应，中国企业向非洲迁移的趋势将带动非洲实际GDP增长。未来，非洲所有经济体都可以借中国转移部分生产基地的机会建设国内工业，非洲实际GDP将比基准线提高近4个百分点。但是，中国企业转移非洲的积极成果并非立竿见影，影响真正体现需要10年的时间。美国学者布罗蒂加姆是《龙的礼物》的作者，他说："中国在非洲发展的重点内容是对基础设施建设的投入和参与，这对非洲制造业的长期发展至关重要。整体而言，非洲制造业在过去6年至8年间增速不断提高，没有任何证据显示，'中国制造'挤垮了'非洲制造'。"2017年6月，麦肯锡《龙狮共舞——中非经济合作现状如何，未来又将如何发展》报告指出，近年来中国对非洲经济的参与不断增加，为非洲经济发展、政府和普通劳动者带来了显著的积极影响。

二 中国投资助力非洲发展

2016年6月，美国智库布鲁金斯学会发布报告

《中非结合：从自然资源到人力资源》（*China's Engagement in Africa*：*from Natural Resources to Human Resources*），较为全面、客观地阐述了中国在非洲的投资情况，涉及投资规模、投资决定因素、基础设施融资等内容。报告认为，中国对非投资正从强调保障自身能源矿产供给向产能合作与当地人力资源开发的新阶段转变，这一过程将帮助非洲更好地参与国际分工、融入全球产业链，促进非洲经济从自然资源为基础的采掘经济向人力资源为基础的劳动密集型工业经济转变。

1. 中国企业投资采掘业促进了非洲国家能矿工业体系的整体构建

富饶的石油和矿产资源是许多非洲国家经济发展的最大优势，而这些能矿资源恰恰是中国经济可持续发展不可或缺的原材料。在资源饥渴、生存需求、服务国家战略的多重驱动下，中国能矿企业来到非洲投资采掘业。虽然采掘业一直高居中国对非投资存量行业的前列，但是较之欧美发达国家跨国公司，中国能矿企业不仅进入时间晚，投资实力普遍不强，而且实际持有的油田和矿山数量少、矿种单一、品位中等；而且作为后来者，中国对非洲的能矿投资还面临着西方采掘业巨头的遏制和西方媒体“资源掠夺论”的非难。2014 年以来世界大宗商品价格进入下行周期，非洲“资源民主主义”抬头，更加剧了中国能矿企业在非洲生产和经营的风险。但是论及对非洲东道国发展的贡献，中国能矿企业对于经济多样化和基础设施方面的投资多持积极态度，经济和社会效果显著。中国的能矿企业并非仅仅局限于资源的采掘，而是积极响应非洲国家经济多样化的诉求，注重在东道国配建精选、提炼或冶炼厂等资源加工类项目。尤其对大型项目，为获得东道国政府的强力支持，中国投资企业更是对配建的基础设施项目持积极态度。

中国石油天然气集团公司（简称“中石油”）是中国最大的原油生产企业，是最早投资非洲，也是在非洲投资最多的中国油企。自1996年进入非洲以来，迄今中石油在非洲共拥有25个能源合作项目，原油生产能力3000万吨，加工能力560万吨，输油管线3600千米，输油能力3500万吨，已经在非洲基本建设完成较为完整的石油产业链。其中，苏丹项目是中石油在非洲最早的项目，也是成绩最为突出的标杆性项目。中石油的业务主要集中在1/2/4区、3/7区、6区、13区和15区五大区块采油，年生产能力达到2700万吨；中石油还在苏丹投资兴建了喀土穆炼油厂、喀土穆化工厂、成品油销售三个下游项目，中石油在苏丹的7个项目累计投资70亿美元，两次扩建后的喀土穆炼油厂年加工能力达到500万吨，还修建了3600千米的输油管道，帮助苏丹建立了集采油、加工、运输、销售为一体的油气工业体系，使得油气工业成为苏丹经济的支柱性产业。中石油在苏丹的能源合作项目被誉为中非合作的典范，2005 年 11 月 14 日，苏丹总统巴希尔接见中石油陈耕总经理时说：“感谢中国，感谢中石油，如果没有中国，没有中石油的真诚帮助，苏丹石油工业就没有今天的规模，石油投资是苏丹实现和平的主要原因，因为有了石油，南方才接受了和平协议。中石油不仅给我们带来了石油，也带来了和平。”

在带动苏丹经济发展的同时，中石油始终重视改善当地基础设施，为当地民众带来福祉。中石油进入苏丹的初中期，集团公司在苏丹累计捐资 0.5 亿美元为苏丹人民修路、架桥，建医院、学校，直接受益人数超过 200 万人。例如，为改善苏丹当地落后的交通状况，中石油捐巨资修建巴里拉机场和麦罗维大桥，尤其是麦罗维大桥的建成，结束了麦罗维至卡瑞玛需要摆渡的历史，方便了尼罗河两岸人民的经济、交通往来和日常生活，贯通了苏丹港—阿特巴拉—麦罗维—冬古拉交通干线，对苏丹北部地区的经济建设和农业发展起到了推动作用。中石油还非常重视社区福利的发展，为满足苏丹当地农业和生活用水的需要，中石油还累计为苏丹当地居民打了 160 口水井，并修水塘，解决了 20 多万人的清洁饮水问题。在缺水地区，中石油还经常出动生产用车，为边远村落送水。喀土穆炼油厂在尼罗河边的净水厂还专辟向当地居民无偿供应饮水的管线，使长期饮用河水的居民终于喝上了经过净化的清洁饮用水。此外，中石油出资为苏丹建立了喀土穆炼油厂友谊医院、富拉医院、法鲁济友谊医院等 4 家医院，101 个诊所，并向麦罗维医院、扎里巴医院、哈桑医院、吉利卫生院等捐赠了 70 多万美元的医疗设备。中石油的医生还利用中国抗疟疾药物青蒿素为当地居民免费治疗疟疾，并为当地居民免费接种疟疾预防疫苗。通过中方的援助和捐赠，苏丹当地的医疗卫生条件得到了极大的改善。随着集团公司在苏丹经营业绩的提高，中石油履行企业社会责任日益机制化。2007 年以来，中石油每年向苏丹社会发展部提供 20 万美元的慈善款，用于资助当地学校、孤儿院和妇幼保健事业。自 2009 年起，每年向苏丹贫困母亲基金会提供 100 万美元的善款，用于贫困地区修缮学校、扶持妇女儿童发展中心发展项目，其中一半用于达尔富尔地区。2012—2014 年，中石油共投资 4817.2 万元人民币用于当地基础设施建设，改善医疗卫生和基础教育、生活用水条件。

论及中国企业对非洲的矿业投资，自然无法避开领先中国矿企进入非洲的中国有色矿业集团有限公司（简称“中国有色”）。中国有色不仅是较早开展对非矿业投资的中国矿业企业之一，也是中国境外开发有色金属资源最多的企业之一。有色金属资源开发和国际工程承包是其海外投资发展战略的两大主攻方向。目前，中国有色投资集中在非洲中南部、亚洲周边和矿业资本发达国家，其中非洲板块是投资最多、最成熟，也是最重要的地区。

根据中国有色总经理罗涛 2010 年在第二届中国对外投资洽谈会主论坛上的发言，2009 年中国有色境外业务总额、营业收入和利润总额分别占集团整体业务的 54.6%、48.4% 和 78.4%。海外投资的主要矿种为铜，投资区位选择在赞比亚。随后以赞比亚为核心，逐步辐射拓展刚果（金）、南非，在中南部非洲累计投资 27 亿美元，拥有 19 家各级出资企业，打造了中国在中南部非洲最大的有色金属工业基地。

1998 年 6 月，中国有色通过国际竞标取得已经关闭 13 年之久的谦比希铜矿，同时拥有勘探权和土地使用权，该矿是中国在境外投资建成的第一座有色金属矿山，被称为“中非合作的标志性项目”。中国有色又收购了卢安夏、巴鲁巴、穆里亚西等铜矿项目，并伴生钴矿。其中谦比希项目可年产 100 万吨铜，开采周期 25 年。除开采铜矿资源外，中国有色还在当地投资 3 亿美元建成中国境外投资的第一个火法冶炼厂——谦比希粗铜冶炼厂，投资 0.19 亿美元建成中国境外投资的第一个湿法冶炼厂——谦比希湿法冶炼厂，在当地进行深加工，生产粗铜、阴极铜和硫酸等产品，不仅延长了产业链、增加了附加值，而且带动了当地社会经济的发展。值得指出的是，中国有色还是中国在非洲设立的第一个境外经贸合作区——赞比亚中国经贸区的实施企业。中赞经贸合作区由谦比希园区和卢萨卡园区构成。谦比希园区主要以有色金属矿冶炼产业为主导产业，发展有色金属加工和衍生产品产业群；卢萨卡园区以卢萨卡国际机场及周边陆路交通为依托，发展现代物流业、商贸服务业、加工制造业、房地产业、配套服务业和新技术产业。迄今，合作区完成基础设施投入 1.87 亿美元，已有 55 家企业和租用功能设施的用户入驻，涉及勘探、采矿、冶炼、有色金属加工、化工、农业、建筑、贸易等行业，协议投资额超过 20 亿美元，实际完成额 15.7 亿美元。截至 2015 年年底，合作区企业已经累积实现营业收入 110.45 亿美元，为当地增加 8500 个就业岗位。

积极履行企业社会责任，标志着中国有色在非洲国际化运营日臻成熟。自 1998 年进入非洲以来，中国有色已向当地纳税 2 亿多美元，为当地提供了 12500 个就业岗位，提供 2000 多万美元的捐助。在非洲积极投入大笔资金资助艾滋病、疟疾和小儿麻痹症等重大疾病预防项目，为当地妇女就业、市政建设、教科文卫事业捐款捐物，还发布了中国企业在赞比亚的首个企业社会责任报告。中国有色投资兴建的中赞友谊医院是非洲大陆唯一由中国人自主经营的医院，已经成为赞比亚乃至南部非洲地区最先进的医院之一。中国有色出资实施的“中国赞比亚光明行”活动在赞比亚等非洲国家引起强烈反响。与此同时，中国有色高度重视安全环保工作，致力打造“碧水蓝天的绿色企业、和谐企业”。2011—2015 年，中国有色在赞比亚投入节能环保资金 1 亿多美元，打造出了铜产业循环经济产业链，成为当地安全环保的典范。

2. 中国企业投资非洲建筑业一定程度上缓解了非洲基础设施落后的局面

基础设施是建筑业的重要组成部分，但非洲基础设施落后，亟须大量投资跟进。中国政府高度重视非洲国家对基建领域的诉求，鼓励企业深度参与非洲国家的基建项目。中国企业凭借资金和优质高效的服务以及设备、人力成本等方面的比较优势，不仅积极参与非洲各国的房建、铁路、公路、桥梁和水电大坝的土木工程，而且也涉足技术含量高的石油化工、工业生产、电力工程、矿山建设、通信、环保以及医疗卫生等领域的基建项目；不仅有效降低了非洲基础设施的建设成本，而且还通过开展后续技术合作、技术培训和能力建设等方式，输出了中国标准，帮助各国增强了对基础设施的管理运营和发展能力。许多中国企业在非洲的基础设施建设项目中，不断扩大雇佣当地员工的比例，还选派部分关键岗位的非洲员工到中国学习进修，取得了良好效果。目前中国是非洲基础设施领域最大的单一出资国和承建商，而且中国对外承包工程商会的《2013 中国国际承包商非洲本土化实践调研报告》显示，中国国际承包商在非洲的本土化员工雇佣率逐步提高，2012 年员工本土化水平就在 70% 左右。

（1）交通基础设施。交通基础设施是国民经济的重要基础，中国企业将在国内建设中积累的设计、施工、监理、系统集成等方面的经验应用于非洲，取得了较好经济和社会成效。

在铁路建设方面，中国企业多年来在非洲参与了多项重大铁路建设工程，为非洲国家内部和非洲国家之间实现互通互联做出一定贡献。在安哥拉，中国铁建承建了全长 478 千米的罗安达铁路和全长 1344 千米的本格拉铁路，并分别于 2010 年 12 月和 2015 年 2 月通车，这两条铁路对安哥拉“能源走廊”建设及国民经济发展至关重要。在埃塞俄比亚，中国铁建承建的埃塞俄比亚首都亚的斯亚贝巴至吉布提的电气化铁路于 2016 年 10 月 6 日举行通车仪式，亚吉铁路成为跨越东非两国的“生命之线”。在肯尼亚，中交集团承建的蒙内铁路（蒙巴萨港—内罗毕）是东非铁路网的起始段，全长480千米，设计运力2500万吨，建成后将极大促进当地经济贸易发展。此外，中国能建、中国铁建等企业承建的尼日利亚哈科特—迈杜古里、拉各斯—卡诺及沿海铁路等长大干线形成西部非洲铁路骨干网，中铁工程、中国电建参建的摩洛哥丹肯高铁和中国铁建参建的利比亚沿海铁路、南北铁路等都是北部非洲重要的路网工程。

在公路建设方面，非洲国家普通公路和高速公路都存在大量建设需求，中国企业凭借自身优势圆满完成了众多建设任务。在坦桑尼亚，中国电建承建的多条公路构成了坦桑尼亚国家交通骨干网络。在刚果（布），中交集团参建的全长126千米的国家2号公路一期工程成为连接该国北部最大城市韦索和首都布拉柴维尔的交通要道。在埃塞俄比亚，中交集团承建的全长78.4千米的亚的斯亚贝巴—阿达玛高速公路是埃塞俄比亚第一条高速公路，也是东非地区第一条高规格的高速公路，是非洲跨境基建项目的样板工程。此外，中国建筑、中国铁建、中国电建等企业参建的阿尔及利亚南北高速、东西高速、贝佳亚—哈尼夫高速公路、摩洛哥伊阿高速等都是非洲的重要公路工程。

在港口和机场建设方面，中国企业也做出了积极贡献。2011年由招商局国际和中非发展基金共同投资收购尼日利亚迪肯（TICT）码头集装箱有限公司股权，2013 年实现市场占有率 30.91%，全年总集装箱吞吐量 46.1 万标箱，本地员工占公司员工总数 99%，为当地创造了大量就业机会。在毛里塔尼亚，中国路桥承建的友谊港 4、5 号泊位工程于 2014 年 8 月竣工，对毛里塔尼亚及周边地区经济发展起到巨大推动作用。在加蓬，让蒂尔港建设项目得到该国政府高度关注，中交集团积极参与投资运营，承担了配套公路、港口、桥梁等重点工程。此外，中交集团、中国电建等企业承担了毛里塔尼亚努瓦迪布港、几内亚科纳克里码头、尼日利亚拉各斯港和莱基港、埃及塞得港等项目。在机场建设方面，中交集团所属中国港湾工程有限公司不仅顺利实施了苏丹喀土穆国际机场一期、二期工程，目前还在承建南苏丹朱巴国际机场改扩建工程。

（2）能源基础设施。能源是国民经济的基础产业，对经济持续发展和人民生活水平的提高发挥着十分重要的促进与保障作用。然而，非洲的现实是电力短缺，导致经济低速增长和低效。中国企业却在非洲投资参与了许多重大水利枢纽项目，为当地工农业发展提供了重要保障；同时，中国企业承建的水电、热电设施及输变电工程也惠及非洲各国。

在苏丹，中国电建承建的苏丹麦洛维大坝于 2009 年竣工，该工程被誉为苏丹的“三峡工程”，是尼罗河干流第二大水电项目，也是世界上最长的大坝，总装机容量为125万千瓦，灌溉农田面积可达100多万亩，惠及400多万苏丹人民。继此之后，中国电建又在苏丹承建了上阿特巴拉水利枢纽和罗赛雷斯大坝等水利工程，并总承包建设了包括300多座小型水坝在内的苏丹雨水收集项目。

在尼罗河水资源开发中，中国电建、中国能建和中国建筑等企业承建的埃塞俄比亚特克泽水电站、纳莱—达瓦河水电站、乌干达伊辛巴水电站和卡鲁玛水电站等项目合同总额超过50亿美元，总装机容量近200万千瓦。

在赞比西河水资源开发中，中国电建承建了位于津巴布韦和赞比亚的卡里巴南、北岸大型水电站工程，其中卡里巴南岸水电站能够提升发电能力30万千瓦，卡里巴北岸水电站包括安装2台18万千瓦混流式水轮发电机组以及配套土建工程。这两个项目能够为该地区矿业、农业发展和次区域合作提供稳定的电力保障，具有重要战略意义。

在一些电力缺乏较为严重的国家，中国企业承建的电站虽然规模不大，但却发挥了较好的经济社会效益。刚果（布）英布鲁水电站的建成实现了该国电力的自给自足，刚果（金）宗戈水电站解决了金沙萨和下刚果省的用电难题，喀麦隆曼维莱水电站、颂东水电站都是该国最重要的供电设施，赤道几内亚吉布洛水电站及其相关工程不仅解决了25个城市的居民用电，也对其上下游农田灌溉产生了积极作用。

中国企业还积极帮助非洲国家建立电力工业体系。在电站建设方面，中非发展基金与深圳能源合作投资1.4亿美元建设加纳吉博劳水电站输变电项目。该项目装机容量200兆瓦，2011年发电12.72亿度，发电量占加纳全国发电量的14%，受到三任加纳总统的高度评价。目前电站运营状况良好，为配合加纳用电需求，加纳电厂二期项目已经启动。在尼日利亚，中国电建承建的宗格鲁水电站发电量占尼日利亚总发电量近20%，欧莫托休、奥贡及帕帕兰多等大型电站总发电量超过其全国发电量的50%。在电网建设方面，由中国能建承建的穿越尼日利亚科吉州、尼日尔州和联邦首都特区3个州的大型输电项目，是尼中部向首都送电的电力主干网。中国电建等企业还通过在当地建立人才培训中心、投资设立电力设备生产基地等方式，为尼日利亚培养电力人才和提供质优价廉的电力设备。

在新能源领域，中国企业也积极利用先进技术开拓非洲市场。由中国电建承建的阿达玛风电项目是中国第一个技术、标准、管理、设备整体"走出去"的风电项目，采用中国标准进行设计、施工和验收，同时在该国引入新技术和建立有关标准。新能源企业保利协鑫公司凭借国际化团队打开南非市场，投资5.1

亿美元成功建设运营南非单体规模最大的光伏电站，并获得南非政府高额补贴，带来较好投资回报。

3. 中国企业投资非洲制造业，变“中国制造”为“中非联合制造”

制造业对一国的生产、就业和出口都有极为重要的作用，尤其在就业方面，制造业是除农业之外创造就业岗位最多的外商投资产业。然而，非洲国家制造业基础薄弱，不仅规模小，企业关联低，产业配套差，而且与制造业发展相关的交通、物流、能源等基础设施缺乏。为实现经济的可持续发展，非洲国家制定了以发展制造业为核心的工业化战略，希望与在制造业领域处于较高梯次位置的中国企业投资合作，提高当地生产能力。中国企业一直将制造业视为对非投资的重要指向，并随着时间的推移逐渐成为中国投资的热点行业。如果单独统计中国在非洲的绿地投资，2003—2014 年，中国在制造业领域投资了 77 个项目，合计 133 亿美元，在所有对非投资领域中排第一。中国对非洲制造业的投资不仅带动了中国优势产能向非洲的转移，而且使得一直依靠资源参与非洲产业链协作的非洲国家掌握了新技术，并具备了生产和出口一些工业制成品的能力。

（1）在钢铁、建材领域，近年来，非洲基础设施建设的热潮加快了中国钢铁、水泥等优势产能向非洲的转移。中国国泰赞比亚有限公司（福建个体投资）在赞比亚投资2600万美元建设一个轧钢厂，线材产能10万吨，后来又追加投资建设了制氧厂、机修厂等配套工厂，不仅满足了赞比亚市场的需求，而且可向周边国家出口。2014年9月，河北钢铁公司启动了在南非500万吨产能的钢厂投资项目，该项目成为中国海外最大规模全流程钢铁项目。中材集团与尼日利亚唐氏集团合作，在喀麦隆、刚果（布）、加蓬、埃塞俄比亚和尼日利亚、塞内加尔、坦桑尼亚等国投资了14条水泥生产线，年产量达2000万吨。冀东水泥与中非发展基金合作投资南非曼巴水泥项目18亿美元，年产110万吨水泥，并且利用水泥余热进行发电，成为南非的首创。巨石集团2011年在埃及投资建设玻璃纤维生产基地，是中国在海外自主建设的首条大型玻纤生产线，该项目已投资约2.8亿美元，采用了世界上最先进的超大型玻璃纤维池窑拉丝生产技术，产品不仅向中东和非洲市场出口，而且有助于应对欧盟、印度的反倾销措施。

（2）在轻纺、家电领域，中国企业充分利用非洲劳动力价格较低的优势，创办大量劳动密集型企业，为非洲国家创造就业、实现包容性增长发挥了积极的作用。在轻纺、制鞋、家电等投资领域，中国民营企业功不可没。例如，以贸易起家的越美集团投资100

万美元在尼日利亚卡拉巴保税区设立了当地第一家境外加工贸易生产企业“金美（尼日利亚）纺织品有限公司”。在取得不错的经济收益后，公司又投资5000多万美元建设了“越美尼日利亚纺织工业园”来打造完整的纺织工业产业链，为此，越美从国内几十家纺织企业中挑选了包括棉纺、印染、服装等15家企业入驻园区，该工业园预计雇佣3000多个当地工人。在制鞋领域，中国最大的女鞋生产集团之一华坚集团于2012年1月在埃塞俄比亚东方工业园投产两条生产线，当年雇佣本土员工从最初的600人增加到1600人，当年实现出口创汇占埃塞俄比亚皮革业出口的57%。截至2014年年底，华坚在埃塞俄比亚已经投资1344万美元，共建成6条现代化制鞋生产线和鞋材厂，员工3500人，其中3340人是当地员工，产品远销欧美国家。除了投资生产线以外，华坚集团正在埃塞俄比亚打造“埃塞俄比亚—中国东莞华坚国际轻工业园”。该工业园已于2015年4月16日完成奠基仪式，总投资32亿元人民币，占地面积126公顷，目前已有10余家中资企业签订了合作意向书。埃塞俄比亚—中国东莞华坚国际轻工业园将于2020年建成，届时埃塞俄比亚鞋业、服装、手袋等产品的六成以上将出自该工业园，园区员工人数将达10万人。在家电领域，中非基金与海信集团共同成立合资公司，在埃及、阿尔及利亚和南非等国建立冰箱和电视组装基地。其中，广东美的集团与中非基金合作收购了美国开利控股的埃及最大空调生产企业 Miraco 公司，直接持有项目公司 11.7%的股权，在埃及生产和销售空调，年产能 30 万台。海信集团于 1994 年开始进入南非，2013 年 6 月开始在南非的亚特兰蒂斯投资 3.5 亿兰特建设海信家电产业园。该产业园占地 25200 平方米，年产能 56 万台电视和 45 万台冰箱，直接创造 500 个就业岗位，若加上配件、物流可间接带动 3000 多个就业机会。为促进当地人就业，海信给众多没有专业技术背景或相关经验的社区居民提供岗前培训，投入时间和人力进行培训，给其创造了更多的发展空间，带动了当地周边经济和社会的发展。另外，海信南非家电产业园将通过完成海信节能环保冰箱和 LED 智能电视的当地组装生产来提高海信绿色高端产品的生产能力，造福当地社会。

（3）在交通运输工具和机械装备制造领域，中国企业在双边贸易带动下，逐渐进入非洲交通运输和机械设备制造领域，并逐步适应了非洲国家本土化生产、销售、服务的诉求。在汽车装配制造领域，一汽、奇瑞、华晨、北方车辆、力帆、福田、比亚迪、中华、吉利、长城和北汽等汽车企业已经步入非洲汽车市场，部分企业投资建设了汽车生产基地。例如，一汽非洲投资有限公司（为中国第一汽车集团进出口有限公司与中非发展基金有限公司共同投资成立）致力于在非洲地区从事一汽品牌汽车及零部件的生产、销售、服务和物流等业务。2012 年，一汽非洲公司投资 1 亿美元在南非伊丽莎白港库哈工业园建立汽车组装厂和 4S 店，公司首辆重型卡车于 2014 年 7 月下线，目前年产量 5000 辆，雇佣当地员工近 300 人。南非总统祖玛在参加一汽库哈工厂落成和首辆机车下线仪式时发表讲话，将这一事件形容为“历史性时刻”。他认为，中国一汽项目将库哈打造成“南非的底特律”，能够为帮助南非实现经济增长目标做出关键贡献，并证明南非的投资环境能够吸引世界级的大型企业，因此具有里程碑式的意义。一汽非洲公司秉承“争第一，创新业，担责任”的核心价值观，既致力于南非汽车制造业的发展，也积极地履行企业社会责任。2014 年 9 月，积极参与自由省哈里史密斯（Harrismith）地区的救灾活动，购买大量的牲畜饲料以及救灾物资并火速运往灾区。与此同时，公司还向灾区提供了 30000 兰特的资金支持。2014 年 10 月，公司还向曼德拉湾地区的 300 名小学生捐赠包括鞋、衬衫、裤子（裙子）、运动服、毛衫、领带、袜子在内的校服套装，帮助当地贫困儿童受教育。公司还定期为孤儿院及患艾滋病儿童捐助生活物资及药品，积极关注当地民生并主动施以援手，力求和谐发展。2016 年 9 月初，北京汽车集团有限公司（北汽集团）联手南非工业发展公司共同投资8亿美元在库哈汽车产业园整车厂动工，预计年产10万辆汽车。该项目成为南非近40年来最大的一次绿地投资项目。2017年底正式投产。工厂建成后年销售收入达13亿美元，占南非汽车行业销售收入的10%，同时带动当地1.5万人就业，该投资项目将以南非为中心促进整个非洲大陆的汽车产业发展。除汽车组装与制造外，中国中车在向非洲出口内燃动车组、机车、客车、货车、城轨的基础上，开始向南非输出制造技术，且本地化率超过60%。

（4）在制药领域，非洲是传染病和慢性病重灾区，医药产品消费年均增长率10%。但非洲医药生产体系薄弱，欧美和印度等国企业不断向非洲医药市场深度渗透，垄断官方市场订单，非洲80%医药产品依赖进口，绝大多数国家医药产业几乎空白。在非洲医药市场被欧美大国垄断和非洲医药产业本土化意愿日趋强烈的背景下，中国企业抓住机遇，迎接挑战，投资非洲医药行业，并初见成效。比较著名的医药投资项目要属湖北民营企业人福药业在马里投资制药厂，2013年武汉人福医药在马里首都巴马科投资2.5亿美元动工兴建占地103亩的制药厂，目前药厂糖浆生产线已生产出羧甲司坦口服液和布洛芬混悬液两大品种。马里人福制药厂是中国在非洲建设的第一家现代化药厂，也是西非地区现代化程度最高的药厂。该药厂的投产结束了马里不能生产药品的历史。另外，中埃（埃塞俄比亚）联合（非洲）有限公司在埃塞俄比亚投资建设了该国第一家药用胶囊生产企业，产品除满足本国需求外，还每年出口创汇20多万美元。

4. 中国企业投资非洲农业，依托资源禀赋，提升当地农业深加工能力

非洲许多国家农业资源丰富，与美国、欧洲等签订了多个自由贸易或贸易优惠协定，具有较好的出口导向政策。中国在非涉农企业正是依托了农牧渔业资源优势，在非洲投资了一些出口导向型项目，取得了良好的经济和社会成效。此类项目包括：（1）甘蔗、棉花、剑麻深加工项目。中国成套设备进出口（集团）总公司在马达加斯加、贝宁、塞拉里昂和多哥4国租赁经营6家糖联企业，向所在国政府缴纳了大量的税费和租金，还带动了当地运输、农机维修、商业等行业的发展。中国、马里合资经营的上卡拉糖联股份有限公司，年产3.9万吨蔗糖，为马里创造1万个就业机会，成为马里解决就业第一、纳税第三的大户企业。糖联所在地已经由原来的小村庄发展为比较繁荣的市镇。中非棉业发展有限公司在马拉维、赞比亚、莫桑比克、津巴布韦创新实施“公司+农户”模式，建立了7个棉花轧花厂、2个棉籽榨油厂、1个纺纱

厂、3个运输车队，直接雇佣当地员工1800人，20多万农户与公司签订合同种植棉花，当地60多万人为此受益。中农发投资坦桑尼亚剑麻产业，剑麻加工厂年产剑麻纤维约2600吨，在坦桑尼亚全行业32家企业中名列第二。剑麻产品返销中国对于缓解坦桑尼亚对中国的贸易逆差发挥了积极作用。（2）畜牧业产业链投资。非洲许多国家畜牧资源优势明显，但总体发展水平较低。畜牧业以家庭放牧为主，抗灾抗病能力低，营销渠道有限、附加值低；但在规模化养殖、兽药疫苗、饲料加工、肉类加工、皮革加工及皮革制品等方面具备较好的产业链投资机会。例如，在埃塞俄比亚投资畜牧业较为成功的企业要数中非洋皮业有限公司。2009年11月，该公司由河南新乡黑田明亮制革有限公司和中非发展基金共同投资2700万美元建立羊皮加工厂，最初主要生产高档绵羊手套革、鞋面革及山羊绒面革，2014年4月，又新增了牛皮生产线。目前公司已具备日产1.5万张羊皮的能力，共有从原皮到成革的全套制革设备400余台套，雇佣500多名当地员工。不仅激发了埃塞俄比亚制造业的潜能，而且为当地人改善生活水平做出了实实在在的贡献。（3）渔业产业链投资。中国农业发展集团公司与摩洛哥、塞内加尔、几内亚等9个非洲国家开展渔业合作，年捕捞量10多万吨。福州宏东远洋渔业有限公司采取投资入渔模式，在毛里塔尼亚投资1亿多美元，建设集水产品加工和增值项目于一体的渔业基地，成为中毛渔业合作的典范。中国企业投资非洲渔业，在当地兴建冷库、码头、加工厂等渔业基础设施，拉动了当地经济的发展。其中，中农发在塞内加尔的渔业加工项目经济社会效益显著。1994年，中国水产总公司（中农发前身）收购当地的非洲海产公司，成立了塞内加尔渔业公司，一下子为当地解决了数百人的就业问题。以后20多年来，公司业务快速发展，至今已然成为塞内加尔渔业加工的龙头老大。公司在塞内加尔累计投资5100万美元，建成了8000余平方米的现代化加工厂，冷冻能力达每日100吨，冷库储藏能力4000吨，实现了渔业捕捞、加工、冷鲜储藏的现代化，从根本上改变了当地“只靠现捞现卖，产量一多就无处卖”的尴尬局面。

5. 中国企业投资非洲宾馆服务业，推动非洲旅游业发展

众所周知，中国建筑企业在非洲国家承包了许多如总统府、议会大厦、体育馆、国际会议中心等标志性建筑，建设速度与建筑质量赢得非洲各界的广泛赞誉。但上述项目多属带有援助或承包性质的项目，而非商业性的投资开发。近年来中国一些建筑企业为帮助非洲国家发展旅游业，解决资金瓶颈的问题，开始以直接投资的方式加入当地餐饮、住宿、会议配套服

务等方面的开发。在这方面，安徽外经和中国武夷试水先行。例如，安徽外经一直秉承投资非洲、立足非洲、服务非洲、造福非洲，带动一方经济发展、增加当地人民就业机会的经营理念，在莫桑比克首都马普托投资 2.5 亿美元，利用 2 年的时间建成凯莱大酒店，于 2016 年 10 月 4 日举行开业庆典。凯莱大酒店共有 258 间客房，所有房间均面向大海，酒店设有中餐厅、西餐厅、红酒雪茄吧、特色餐厅，以及可以容纳 800 人同时就餐的大宴会厅，同时配套一个可容纳 2000 人的国际会议中心和一个 2.5 万平方米的购物商城，是集住宿、餐饮、商务、购物于一体的至尊豪华五星级酒店。该酒店不仅由安徽外经投资建设，而且也由安徽外经运营，可谓中国商务部倡导的“建营一体化”项目。酒店现有 142 名员工，其中 120 名是当地员工，酒店建设过程中曾雇佣 2000 名当地人施工，带动了当地就业。酒店的建成与运营对莫桑比克的建筑业和旅游业都将起到很大的行业提升作用。

第二节　中国对非洲投资合作的模式、经验与挑战

中国企业对非洲投资取得了良好的经济社会成效，这与政府、企业、金融机构、国内研究机构、商会等

各类对非投资相关主体的努力是分不开的。对其进行经营模式与经验总结对于指导中国企业深化中非产能合作意义重大而深远。

一 主要投资合作模式分析

1. 安哥拉模式

经过多年的探索和实践，中非经贸合作中“资源—信贷—项目”一揽子合作模式日渐成熟，即在大型基础设施和资源勘探等项目中，由中方出资和开发，合作方以某种资源和投资权益作为担保，或将资源或项目的部分收益直接用于偿还贷款。因该模式在安哥拉等资源富国取得较好效果，也俗称“安哥拉模式”。

（1）安哥拉模式的形成。2002 年，安哥拉结束长达 27 年的内战，百废待兴，急需建设资金。但国际金融机构和西方国家在向其提供贷款方面均开出各种苛刻条件，导致安哥拉无法获得重建启动资金。与西方国家截然不同的是，中国施以援手，不仅为安哥拉的战后重建提供了大量的资金，也为获得安哥拉石油奠定了基础。

安哥拉模式的实践始于 2004 年 3 月，中国进出口银行与安哥拉财政部签署了大规模基础设施建设的贷款框架合作协议，中方向安哥拉共提供 20 亿美元贷款，用来支持提供安哥拉的各种设备、物资、基础设施建设项目，安哥拉政府与中国石油企业签署长期石油供应协议，以对华原油出口收入作为贷款担保。该协议是在传统的“信贷与工程”联系的基础上，加入了石油担保和还款机制，是一种“石油—信贷—工程”一揽子合作的方式。具体资金融通流程是：先由安哥拉政府提出贷款申请，中国进出口银行向中国商务部提交报告评估结果，经商务部核准后，由中国进出口银行与安哥拉政府签订框架协议。然后由中国对外承包工程商会选择一部分中国企业参加安哥拉政府组织的竞标，中标取得某一项目后，中国中标企业和安哥拉业主商定合同，再由中国进出口银行和安哥拉财政部签订银行贷款协议。在总协议框架指导下，每个企业还要再分别签订具体协议。在工程实施阶段，中标的中国承包商需要购买建设所需的设备和材料。在完成一定工程进度时，由第三方监理上报工程进度，安哥拉业主向安哥拉政府报告进度并提交请款单据，待安哥拉政府批准支付后向中国进出口银行提出请款申请。如果购买的材料来自安哥拉当地或国际市场，费用按照当日兑换率，以安哥拉货币或美元结算。如果购买的设备和材料来自中国国内，则由中国进出口银行直接拨给中国供应商，而且是以人民币的形式进行结算。另外，参与建设工人的雇佣费用则由中国进出口银行直接拨付资金结算。在工程实施阶段，工程款的支付与项目进度紧密相连。如果协议工程项目没有实施，承包商就无法得到支付款。在还款阶段，安哥拉政府需要根据双方签订好的商务合同向中国提供石油，充抵安哥拉利用中国公司进行建设所需要的贷款资金。根据双方约定，由安哥拉政府以每天1万桶原油按市场价格提供给中国石油公司，并给予中国石油公司优先开采权。中国石油公司向中国进出口银行还款。可见，中国是在安哥拉没有抵押品和偿还能力的情况下，约定用未来开采出来的石油偿付，以此启动了安哥拉战后重建。

截至2007年年底，协议第一期约10亿美元的工程已经陆续竣工，其中涉及的项目有修缮医院、学校、供水、输变电线路等50个项目。第二期工程主要涉及的电信、渔船、卫生、教育、公共工程等52个项目也已经开工。由于第一、第二份协议的有效实施，中、安两国于2007年9月共同签署了第二个贷款框架合作协议，协议金额仍为20亿美元，其中涉及的条款内容与2004年的协议基本相同。另外，2007年7月，中国进出口银行还追加了5亿美元贷款，以增补完善首期已经竣工的项目。这种经济合作关系引起了世界银行的注意，此后在其发表的报告中把这种合作称为安哥拉模式。

（2）安哥拉模式的影响。安哥拉模式基于非洲国家具有资源优势却无力实施大型工程的困境，在政府优惠贷款有限的情况下，力求为非洲国家提供更多的发展资金。同时，中方以“基础设施、贷款换资源、换市场”的合作模式收效颇佳。

从中国视角来看，安哥拉模式推动中安经贸合作实现了互利双赢，并降低了投资风险。中安贸易总额从2003 年的23.5 亿美元增长到2012 年的375 亿美元，10 年贸易规模几乎扩大了15 倍。安哥拉已经成为中国在非洲最重要的贸易伙伴之一。其中，中国从安哥拉进口的原油从2003 年的1010 万吨（22 亿美元）增长到2012 年的4086 万吨（332.7 亿美元），安哥拉已经成为仅次于沙特阿拉伯的中国第二大原油供应国，占比达15%。与此同时，中国国有、民营石油企业在安哥拉成功中标数个油区开采权。中国对安哥拉的直接投资存量从2003 年的30 万美元增长到2011 年的4 亿美元。另外，在石油合作带动下，中国在安哥拉的工程承包建设取得巨大进展。新签合同额和完成合同额分别从2003 年的1.7 亿美元和4000 万美元扩大到2011 年的44.3 亿美元和63.4 亿美元。2012 年全球经济增长放缓，但是中国在安哥拉新签合同额高达97.7 亿美元，成为当年中国对外承包工程业务量第二大的国家。目前，中国与安哥拉共签有170 个工程合同，范围覆盖安哥拉 18 个省中的 17 个。

从安哥拉视角来看，根据国际货币基金组织公布的统计数据，自 2003 年以来，安哥拉经济增长迅速。2001—2010 年，安哥拉经济年均增长 11.1%，其中 2004—2008 年经济年均增速高达 17.8%，成为全非洲乃至世界经济增长最快的国家。按购买力平价计算，2003—2010 年，安哥拉人均国内生产总值从 3116 美元增至 6412 美元。在许多安哥拉人眼中，安哥拉经济的快速发展与中安经贸合作密切相关。安哥拉天主教大学科学研究和宏观经济研究中心主任罗莎曾在 2011 年 2 月通过媒体公开发表看法，称中国是第一个为安哥拉国家重建做出贡献的国家。安哥拉民间有评论认为，“以前看到石油和钻石出口到国外，不知能换回什么；现在我们亲眼看到它们变成了道路和楼房，我们从中真正受益”。安哥拉政府更是对中国政府贷款帮助其国内重建，给予高度赞誉，中国贷款给予的优惠条件是“绝无仅有和无法超越的”，是“南南合作之典范”。

从全非范围看，“安哥拉模式”成为中非投资合作的一个范本，此后中国在与非洲资源富国的合作中，大多都采用这种模式，安哥拉模式也被推广到中国与刚果（金）、几内亚等资源富国的合作中。2007 年 9 月 17 日，中国进出口银行、中国铁路工程公司以及中国水利水电建设集团公司组成联合集团与刚果（金）政府签署了一项协议，双方成立一家合资企业，刚果（金）和中国按照出资的比例各占32%和68%的股份。该协议以基础设施项目交换其国内的部分钻石、铜和金矿。中刚协议安排所有的第一阶段的利润将专门用于分期偿还专业投资，并拿出资金投资刚果（金）基础设施建设。安哥拉模式对于非洲国家将资源优势转化为改善基础设施潜能，实现自身更快发展具有重要的现实意义。

在此，需要指出的是，曾有学者称中国与苏丹的经贸合作是复制了另一个安哥拉模式，对此，笔者持有异见。首先，从时间上看，中苏石油合作始于1995年，早于中安合作的2004年。其次，虽然最初中国石油天然气总公司也是使用中国政府援外优惠贴息贷款与苏丹政府签订了穆格莱德油田6区块石油开发合同，并建立了喀土穆炼油厂项目和聚丙烯厂项目等，帮助苏丹建立了原油勘探开发、输油管线、炼油、石化等上下游一体的石油工业体系，但不是在石油合作框架下签署为苏丹建设基础设施的一揽子协议。换句话说，中国与苏丹基础设施领域的合作并未与石油开发项目直接挂钩，而是在石油开发的带动下，中国公司带资承包了包括麦洛维大坝、巴里拉机场，以及一大批铁路、公路、桥梁、水厂等设施建设，最后真正实现了与产油国的互利共赢，促进了苏丹经济社会全面进步，在非洲赢得了良好的国际声誉。因此说，苏丹模式并非完全等同于安哥拉模式，却可以归纳到“资源—信贷—项目”一揽子合作模式中。

中国与安哥拉、苏丹在石油和基础设施领域的合作堪称中国公司在非洲实施“走出去”战略的成功典范。在“资源—信贷—项目”一揽子合作模式带动下，中非石油的合作已经辐射到利比亚、阿尔及利亚、突尼斯、埃及、尼日尔、尼日利亚、乍得、刚果、赤道几内亚等10多个国家，较大型的油气合作项目达数十个。中国全球石油战略已获得实质性突破，石油来源进入多样化格局。一般年份，中国从非洲进口的原油已经占到中国海外原油进口的30%。据中国海关数据，2012年，中国从非洲的原油进口额为538亿美元，占中国从世界原油进口额的24.41%。非洲已经成为中国原油进口的最大来源地。

（3）安哥拉模式面临的挑战。其一是西方国家的指责与非难。其二是投资模式本身延续发展有限的空间。其三，政治风险较高。严酷的现实与挑战警示中国，必须对以往的大规模的、快速进入非洲的投资风格进行调整。

2. 中非经贸合作区——集群式发展模式

同“资源—信贷—项目”一揽子合作模式相同，

中国在非洲的经贸合作区也是一种独有的投资合作模式。境外经贸合作区是中国政府回应非洲国家学习中国经济特区成功经验的要求，并依据自身优势和经验在非洲建立经济特区的大胆尝试，是推动中国企业从重点向非洲“输出产品”到“输出资本”转变、探索中非合作可持续发展的战略抉择。

（1）中非经贸合作区的形成。创建中非经贸合作区的意愿来自中国和非洲两个方面。从非洲方面来看，虽然非洲国家也曾有经济特区的实践，但世界银行的报告显示，“没有一个园区与东道国当地经济有效融合，也无一促进了当地工业化的升级，更无一例起到了东道国经济改革催化剂的作用”。相比之下，中国的经济特区却在20世纪80年代取得成功，带动中国经济快速增长，颇受非洲国家青睐，很多非洲国家对于学习和仿效中国经济特区经验表示了特别强烈的兴趣。因此，他们欢迎中国在他们国家投资设立经济特区，期望通过中国设立的经济特区，引入中国资本和业已证明的园区开发、管理的成功经验，并从中国获得技术和技能的培训和传授，从而有利于本国企业提高在地区和全球市场上的竞争力。另外，在中国“走出去”战略引领下，开拓国际市场、实施国际化经营已成为中国跨国企业发展的重要趋势和战略选择，如联想、华为等海外业务收入已超过国内。在中国企业跨国发展过程中，包括海尔在内的不少企业积极尝试到境外开办工业园——经贸合作区，一些地方政府也将开办境外经贸合作区作为推动地方优势产业“集群式走出去”的新模式。在此背景下，2006 年中国商务部出台“走出去”设立境外经贸合作区的政策，中国政府经过遴选选定至少在 12 个国家设立 10 个境外经贸合作区，投资总额 20 亿美元，力促 500 家中国公司到境外经贸合作区投资生产经营。

在 2006 年 11 月举行的中非合作论坛北京峰会上，时任主席胡锦涛代表中国政府做出承诺：今后 3 年内在非洲国家建立 3—5 个境外经济贸易合作区。自 2007 年 2 月第一个中非经贸合作区在赞比亚揭牌成立以来，中国已在赞比亚、埃及、毛里求斯、尼日利亚和埃塞俄比亚 5 国建立了 6 个经贸合作区。

表 3－1　　**中国在非洲建立的经贸合作区**

名称	中方投资和实施主体	产业定位
赞比亚—中国经贸合作区	中国有色非洲矿业有限公司	谦比希园区：以铜钴金属开采和冶炼为主导产业，逐步发展型材加工、仓储、物流等产业；卢萨卡园区：重点发展商贸服务、现代物流、加工制造、房地产产业
尼日利亚奥贡自贸区	广东新广国际集团中非投资有限公司	以轻工、建材等为产业龙头、原材料加工为主体，集加工、营销、商贸、研发、会展于一体的现代经贸合作区
毛里求斯晋非经贸合作区	山西晋非投资有限公司	以加工物流、旅游、教育、房地产为支柱产业

续表

名称	中方投资和实施主体	产业定位
尼日利亚莱基自贸区	中非莱基投资有限公司	以家电与电子制造、纺织服装、轻工业、建筑材料、农副产品加工、机械制造等行业为主的多功能工业园
埃塞俄比亚东方工业园	江苏永元投资公司	主营冶金、建材和机电，兼营其他适合埃塞俄比亚市场需求的产业，最终形成以外向型制造加工业为主，多行业、多功能发展的工商贸综合功能区
中国—埃及苏伊士经贸合作区	中非泰达投资股份有限公司	四类主导产业：一是纺织服装类生产企业；二是石油装备等通用机械生产企业；三是商用车组装和零部件生产企业；四是电器设备、低压电器等生产企业

资料来源：根据中国商务部相关数据统计，http：//www. mofcom. gov. cn/article/zt_ jwjjmyhzq/subjecto/，2013 年 5 月 19 日。

从表 3 -1 可以看出，中国在非洲设立的经贸合作区是分批次、有秩序进行的，创建过程具有四个特点：一是从运作模式看，境外经贸合作区主要采取“政府为主导，企业为主体，市场化经营为原则”的运作模式，是一种政府扶持下的企业境外投资行为。二是从投资区位选择看，经贸合作区大多位于非洲欠发达地区。三是从投资行业看，主要是传统的能源、资源、冶金、建材等采掘和重化工领域。四是从投资企业看，大多是某产业领域国内经济实力较强并具有一定国际经营经验的公司。

值得注意的是，尽管中非经贸合作区的产业定位各不相同，但从业务发展态势看，大体可分为三种类型：一是以当地资源为依托，以资源开发产业链为主线的合作区，例如，赞比亚谦比希园区就是围绕铜矿资源建立起来的；二是加工贸易型，中国—埃及苏伊士经贸合作区依托埃及低廉的生产要素成本、便利的交通优势、宽松的贸易条件而设立；三是依托中国传统优势产业形成的多功能型合作区，尼日利亚的莱基和奥贡自贸区、埃塞俄比亚东方工业园、毛里求斯晋非经贸合作区均可归于此种类型。

（2）中非经贸合作区的积极影响。中非经贸合作区代表了双方共同利益，经过多年建设，对中非双方都产生了积极影响。从中国方面看，它极大地改善了非洲国家的投资环境，为中国企业进入非洲提供了便利。随着经贸合作区建设的不断推进，加之东道国政府为入园企业提供了一系列在工作签证、简化行政手续方面的便利，并在关税、增值税、企业所得税等税收政策上实行优惠，使得中国在非洲的各经贸合作园区成为各类企业，尤其是民营中小企业进入非洲集群发展的新平台，有效改变了对非投资各自为营的分散局面，有效带动了国内产业转移，为更多中国企业参与国际经济技术合作与竞争创造了条件；同时在境外以合作贸易形式加大产品出口，减少针对中国产品的贸易摩擦。从非洲方面看，随着中国投资的增多、园区基础设施建设的推进，为非洲当地人创造了大量的就业机会，促进了当地经济的发展。

截至 2016 年年底，中国在非洲 15 个国家投资建设了 20 个合作区，累计投资 53. 8 亿美元，吸引入区企业 435 家，累计总产值 193. 5 亿美元，上缴东道国税费 16. 2 亿美元，创造就业岗位 33534 个。其中，中国—埃及苏伊士经贸合作区、埃塞俄比亚东方工业园、赞比亚—中国经贸合作区和尼日利亚莱基自贸区 4 家通过了中国商务部考核，成为国家级经贸合作区。赞比亚—中国经贸合作区是中国在非洲大陆设立的第一个经贸合作区，也是赞比亚政府公布建立的第一个多功能经济区。截至 2017 年年底，赞比亚—中国经贸合作区在基建领域投资累计 1. 9 亿美元，吸引 50 余家企业入驻，招商引资近 18 亿美元。中国—埃及苏伊士经贸合作区是中国政府批准的第二批国家级境外经贸合作区，也是集中了国家级资源开发建设的重点境外经贸合作区，是中国境外经济合作区中名副其实的“国家队”。截至 2016 年年底，中国—埃及苏伊士经贸合作区起步区共有制造型企业 32 家，协议投资额近 9 亿美元，其中绝大部分是中国企业，形成了以宏华钻机和国际钻井材料制造公司为龙头的石油装备产业园区，以西电—EGEMAC 高压设备公司为龙头的高低压电器产业园区，以中纺机无纺布为龙头的纺织服装产业园区，以巨石玻璃纤维公司为龙头的新型建材产业园区，以牧羊仓储公司为龙头的机械制造类产业园区。此外，起步区还有 30 家服务型企业入园，包括银行、保险、广告、物流、旅行、餐饮、超市等配套服务。尼日利亚莱基自贸区，截至 2015 年年底，共有 43 家企业正式签署投资协议，投产运营，实际完成投资 1.38 亿美元，此外，有 65 家企业办理了营业执照或签署了投资意向书，协议投资总额约 6 亿美元。埃塞俄比亚东方工业园于 2015 年 4 月正式得到中国商务部和财政部确认，是 4 个境外合作区中最新通过考核确认的，目前已有 20 多家企业入园，从事汽车组装、纺织服装、水泥生产、钢材轧制和制鞋等行业。

除了通过商务部考核的 4 家经贸合作区外，还有毛里求斯晋非经贸合作区、尼日利亚奥贡经贸区正处于待确认状态。另外，中国地方政府和企业还在非洲兴建了近 20 个工业园区，抱团发展。例如，辽宁省友协倡议建立的“乌干达辽沈工业园”、江西省江铃汽车集团公司和江西省煤炭集团公司在阿尔及利亚建立的江铃经贸合作区、浙江温州商人自发在尼日利亚拉各斯建立的温州工业园、青岛海信在南非建立的亚特兰蒂斯的工业园、达之路集团在博茨瓦纳创立的工业园等。总之，随着时间的推移，各种合作区的“投资平台”作用日益凸显，“以大带群小”的集群式发展模式日益凸显。

（3）中非经贸合作区面临的问题与挑战。尽管中非经贸合作建设已经取得阶段性成果，经济和社会效益初现，但若对照经贸合作区设立的初始目的——“鼓励中国企业和非洲本土企业和外国投资者赴非洲进行生产性投资，以此促进非洲工业发展和出口增长”和各园区建设规划进度表，不难发现，目前的中非经贸合作区仍处在初期实施阶段。虽然集群式发展模式雏形初现，但园区建设进度落后预期，预期目标远未实现，而且园区建设面临诸多的问题和风险挑战。其一，当地产业链不健全。其二，园区外部基础设施缺位。其三，未与当地经济进行有效融合，入园的本土企业和新创的就业岗位有限。其四，有的合作区定位尚不明朗。中国国内经贸合作区的建设经验表明，没有20—30年的建设周期根本谈不上完全实现预期的规模和效应。所以，中非经贸合作区需要更长的孕育期，中非双方政府和企业（开发商）应付出更多的努力，拿出更多的耐心与智慧去应对各种挑战，以确保合作区建设的良性循环和可持续发展。

3. 中非农业示范中心——援助转投资模式

援非农业技术示范中心是中国政府在2006年中非合作论坛北京峰会上宣布的一项重要举措，是一种先援助后投资的合作模式。自2006年起，中国在非洲已规划建设22个示范中心，其中14个竣工并投入运营的示范中心在试验示范、人员培训和农技推广等方面发挥了积极作用，较好地配合了中国整体对非外交战略，提高了受援国的农业生产能力。

（1）援非农业示范中心的起源。农业是中非合作的利益结合点和重要领域之一。中国对非农业投资始于20世纪50年代的对非农业援助。当时中国对非农业援助以单向援助为主，中方出资为非洲国家援建一些农场、蔗糖厂、纺织厂等，但随着时间的推移，中国对非农业援助出现了许多问题。例如，非洲受援国对中国资金和专家高度依赖，中方人员在时项目运行良好，一旦移交，就会陷入瘫痪，导致预期援助目标无法实现。随后中方又应受援国之邀，再次向非洲国家提供资金和专家，出现“建设—移交—中断—再投入—再移交—再中断”的困境。进入21世纪，随着中国经济社会的发展变化，农业产能逐步增大，涉农企业存在较强的“走出去”需求，非洲地区因优良的土地资源而受到众多企业青睐。为改变援非困境，2006年中非合作论坛北京峰会提出要“在非洲建立10个特色的农业技术示范中心”，2009年11月中非合作论坛第四届部长级会议宣布将“农业技术示范中心增加到20个”。可以说，示范中心是中国为改变传统援助“交钥匙工程”模式，解决援助项目可持续发展问题，并为中国农业“走出去”搭建投资平台的一种新探索。

（2）援非农业示范中心的现状。示范中心是通过援助项目带动涉农企业“走出去”的一种新的农业援外+投资模式，其设计初衷是实现公益性和市场性的统一。2012 年年底，中国商务部和农业部联合印发了《援非农业技术示范中心项目监测评价办法（试行）》（简称《评价办法》），对 14 个已经竣工的示范中心的业绩进行考量，公益性方面全都合格，但市场性表现良莠不齐。其中，山东外经承建的苏丹棉花项目、中农发承建的贝宁中心开展多种经营，湖北农垦承建的莫桑比克中心、湖南农科院承建的马达加斯加中心在推广杂交水稻种植方面都取得了良好的社会和经济效益。

（3）援非农业示范中心使中非彼此受益。这种将对非援助与农业投资相结合的合作模式的确帮助非洲部分受援国提高了农业发展水平，也为中国部分企业“走出去”提供了便利，达到了双赢。其一，示范中心为非洲国家农业发展树立了榜样，不仅是粮食生产基地，也是一所培养人才的学校。例如，湖南农科院承担援助的马达加斯加杂交水稻示范中心，其引进的 112 吨优良种子在该国 22 个大区推广后，最高单产为每公顷 12 吨，平均单产每公顷 6 吨，远高于当地产量。经过多年努力，杂交水稻这一新兴事物在马达加斯加稳步发展，马国农民基本接受了杂交水稻，积极要求种植。利比里亚示范中心推广杂交水稻和玉米种植面积近千公顷，培训当地农业科学研究人员和农民千余人次。其二，部分示范中心已进入商业运营阶段，在对受援国政策、市场、风险了解的前提下，结合自身情况，成立新公司，建立商业模式。其三，通过示范中心获得了国外的优良种质资源，这对优化中国作物品种、增加种质资源储备，提高农工业技术能力具有战略意义。与此同时，示范中心还为中国培养了一批有国际农业开发经验的人才。其四，示范中心的建设推动了国内农业投资和涉农贸易的发展。据中国商务部介绍，近 5 年来，示范中心项目已累计带动农业投资 10 亿元人民币，带动农业贸易 8 亿元人民币，出口 4500 多吨化肥、种子、农药和 2000 多套农机具及试验设备。

（4）援非农业示范中心存在的问题。从整体看，援非农业示范中心运营状况并不理想，可持续发展面临严峻挑战。这里既有中国方面的原因，也有非洲国家的原因；既有政府的原因，也有项目承建单位的原因；既有土地、资金等客观因素，也有承建单位“等、靠、要”等主观原因。主要归纳为以下几点：其一，政府方面的有些规定不合理、不科学。其二，项目承建单位对示范中心目标认识不明确。其三，后续建设资金不足。其四，监管难度大，且无强制性约束。其五，土地利用受限。其六，中心未被纳入非洲相关国家的农业发展规划，部分受援国缺乏参与热情。

4“亚吉模式”——全产业链“走出去”模式

中国建筑承包企业驰骋非洲多年，早已成为非洲基础设施建设领域的主力军。近年来，为回应非洲国家吸引外国直接投资的诉求，为强化中国在非承建项目社会经济效益的长久性，为弥补中国对非经贸合作中直接投资这个短板，推动中非经贸合作转型升级，一些央企开始探索承建—运营—全产业链对接的“建营一体化”项目模式，推动中非合作发挥更大效益。

目前，最具代表性的项目就是中国铁建和中铁联合在埃塞俄比亚投资建设的亚的斯亚贝巴—吉布提现代化电气铁路项目。2011 年 12 月 16 日，中国铁建中土集团签署埃塞俄比亚铁路项目合同，2012 年 1 月 30 日签署吉布提铁路项目合同，两个合同合并简称“亚吉铁路”项目。2016 年 7 月 28 日，中国铁建中土集团代表“中土与中铁联营体”与埃塞俄比亚铁路公司和吉布提铁路公司签署《亚吉铁路运营管理服务合同》。2016 年 10 月 5 日，亚吉铁路正式通车，中国企业将对该铁路运营管理 6 年，中方派出 2000 多人的运营管理团队，和同样多的经过中国培训的埃塞俄比亚和吉布提的运营管理人员携手并肩工作，期待 6 年合同期结束后，埃塞俄比亚和吉布提两国员工能独立运营这条铁路。可见，亚吉铁路项目是中国企业在非洲国家签署的第一个集设计、融资、施工、设备材料、运营及管理为一体的“全产业链中国化”的铁路项目，未来将以一条通向繁荣的“新时期的坦赞铁路”的美誉而载入史册。

亚吉铁路全长 760 千米，项目总投资 40 亿美元（含机车车辆采购），建设资金由中国、埃塞俄比亚、吉布提三方投资。其中，中方资金由中国进出口银行和中国企业自筹。例如，中国进出口银行为埃塞俄比亚铁路段和吉布提铁路段分别提供 70% 和 85% 的商业贷款，中国铁建中土集团还拥有吉布提铁路 10% 的股权。项目采取 EPC 总承包的模式承建，按照中国铁路二级电气化标准时速 120 千米设计和建设。项目施工所使用的铺轨设备、通讯信号和电气化设备，绝大多数是中国制造，并带动 4 亿美元的中国机械设备、通信及机电设备、建筑施工材料进入非洲市场。亚吉铁路客运、货运机车全部来自中国南车集团。亚吉铁路建设过程中充分利用埃塞俄比亚丰富的劳动力资源，累计雇佣埃塞俄比亚当地员工逾 2.8 万人，吉布提员工 0.5 万人。在有效带动就业的同时，还为当地培养了大批铁路施工专业技术人才。不仅如此，亚吉铁路通车后，中国中铁准备依托铁路优势全方位参与铁路沿线的房地产、矿业、物流仓储、经贸区和工业园、农业发展、当地人员培训等合作建设，建好“亚吉模式”，有效推动非洲社会经济发展与地区繁荣。

亚吉铁路的兴建与通车对于人口众多而受困于没有出海口的埃塞俄比亚来说，无疑就是一条生命线；对中国企业而言，是一种承建转经营，再到拉动全产业链“走出去”的模式创新，也是中非关系史上一件具有里程碑意义的大事。但检验“亚吉模式”成功与否的关键还要看日后铁路运营的经济赢利状况，是否能够回收40亿美元的贷款。“亚吉模式”还有诸多挑战需要化解。好在中国铁建旗下的中土公司早已与埃塞俄比亚政府及多个公司签署建设工业园的合作协议，像阿瓦萨工业园项目已经竣工，这是埃塞俄比亚首个现代化轻工业纺织园区，此外正在建设的还有孔博查工业园、阿达玛工业园、德雷达瓦工业园，期待这些工业园早日竣工运营，使得亚吉铁路有充足的货物运量，稳定运营并尽早赢利。

二　对非投资合作的经验总结

1. 中国政府对中非投资合作极为重视，将其视为中国对外经济合作的重要方面

作为对非投资的后来者，中国对非洲投资保持较高增长态势，并取得良好的社会经济发展成就，与中国政府的高度重视密不可分。从20世纪90年代中期

开始，中国政府逐步加大对中非投资合作的重视力度，不断出台促进和保障措施。1998 年国家计划委员会确定了对非投资规划方案，就对非投资领域、规模及投资目标进行量化分析；90 年代末期，政府实施“走出去”战略，鼓励和支持中国企业对外投资；2000 年中非合作论坛机制启动，为中非投资合作提供了机制保障；2006 年中国对非政策文件发表，北京峰会召开，将中国对非投资合作进一步融入国家对外发展战略；2009 年中非合作论坛进一步重视对非投资合作，提出建立非洲中小企业发展专项贷款等措施；2014 年 5 月，李克强总理访问非洲，提出中非合作的“461”框架（四个原则、六大工程、一个平台），并提出到 2020 年实现对非直接投资存量 1000 亿美元的目标；2015 年年初，中国政府与非盟签署了推动“三网一化”建设的备忘录，这是一个跨越 48 年，覆盖几乎非洲全境高铁、高速公路、航空和工业化基建等所有相关设施，力促中国装备“走出去”的中非产能合作；2015 年 12 月，习近平主席出席中非合作论坛约翰内斯堡峰会，宣布出台 2016—2018 年中非合作的“五大支柱”“十大合作计划”、600 亿美元资金支持等重大举措。总之，中国对非洲投资取得现有的成绩，正是政府层面充分重视，不断提供各方面保障的结果。而按照中国政府对中非投资合作的重视趋势来看，未来中非投资合作将在中国对外经济合作中占有更加重要的地位，也为未来中非投资合作的成功开展提供了制度层面的保障。

2. 中非长期友好关系和日益完善的机制、法律保障了中非投资合作的开展

自中华人民共和国成立伊始，中国就与大部分非洲国家保持长期友好的关系，在非洲国家争取民族解放、巩固政治独立、经济发展中始终对大部分非洲国家给予支持和帮助，被非洲人称为“全天候的朋友”，这种政治上的互信为中非投资合作奠定了坚实的基础。与此同时，中国与非洲国家相互协商，密切合作，为促进双边投资合作，不断建立和完善双边合作的机制和法律法规环境。截至 2014 年年底，中国已与 33 个非洲国家签订了双边投资保护协定，与 11 个国家签订了避免双重征税和防止偷税漏税协定。中非合作论坛成为促进和保障中非投资合作的重要机制。日益完善的机制和法律环境为中非投资合作的持续健康发展营造了良好的环境。

3. 中国对非投资始终尊重经济发展规律，坚持以市场为导向，以效益为中心

对基本经济规律的尊重和支持也是中国对非投资合作取得成功的重要支点。自中国对非洲投资伊始，中国就坚持以市场为导向，以效益为中心；同时将中

非双方的互利共赢、共同发展作为实施原则。在上述原则的基础上，中国对非投资坚持走“大经贸”路线，注重经贸合作中与贸易、援助、工程承包等各种方式的协调和互动；以投资促进贸易、以援助促进投资、以投资替代贸易、投资与基础设施建设结合互动取得了良好的成效。中国在对非投资国别的选择上，既充分发挥中国的比较优势，同时注意结合非方的比较优势，使中国的投资方向与东道国经济发展的总体规划相协调，注重开展战略层次的合作。在投资上充分顾及非洲合作伙伴的利益和关切，适当向其让渡利益或发展空间，上述行为得到了非洲国家的广泛赞誉，也保障了投资收益的获取。

4. 注重对非投资合作形式的创新性和多样化

经过多年的发展，中国对非投资合作由单一的政府援助方式，转向了以企业为主体，政府指导与监管，投资基金、银行与其他金融机构提供融资的新局面。对非投资企业在投资中采用了独资、合资、参股、并购等多种方式，并开创了多种对非投资新模式。典型的如“安哥拉模式”“中非经贸合作区模式”，农业投资领域创新采用的“农业示范中心”，以及“援助合作模式”“工程援助 + 投资模式”“国际石油合同合作模式”等，也是中非投资合作中所采取的重要模式。

5. 采取多样化的形式为对非投资企业提供金融支持

有效的融资支持系统是企业发展的“供血库”，对于尚未完全具备“走出去”进行国际化运营条件的中国企业而言，融资支持系统更为重要。在多年的对非投资实践中，在中国政府、企业以及其他相关金融机构的共同努力下，创建了多样化的对非投资企业金融支持体系。比较重要的措施有：（1）中非发展基金成为连接中国企业和非洲项目之间的纽带，引领中国企业走进非洲。中非发展基金是时任国家主席胡锦涛在2006年10月中非合作论坛北京峰会上宣布的对非务实合作的八项举措之一，2007年6月由国家开发银行出资10亿美元设立，是中国第一支专注于对非投资的股权投资基金，采取自主经营、市场运作、自担风险的方式，选聘专业化团队进行运作和管理；主要从事对非投资和咨询业务，基金规模逐步达到50亿美元。2016年12月中非合作论坛约翰内斯堡峰会上，习近平主席宣布向该基金增资50亿美元，至此基金总规模达100亿美元。现如今，这个股权投资基金已经运营9年多，充分发挥了基金助力中非产能合作的功效。截至2016年5月底，中非发展基金累计对36个非洲国家的84个项目决策投资32亿美元，带动了中国企业对非投资约160亿美元。也就是说，目前中国官方统计的323.5亿美元的存量有约50%是中非基金推动的。中非发展仅仅在非洲主要投资基础设施、装备制造、农业民生、能源矿产四大板块，所投项目累计为所在国提供了 7 万个直接就业和 117 万个间接就业岗位，年纳税约 1.5 亿美元，累计实现出口创汇超过 15 亿美元，为所在社区修建了 4 家医院、9 条公路和多所学校。可见，基金为众多投资非洲的企业提供了融资支持，不仅有助于非洲国家的自主发展能力和经济的“造血”功能，也直接改善了当地的民生，给非洲民众的生活带来了有意义的积极影响，取得了较好的成绩和国内外的口碑。（2）注意利用政策性银行支持对非投资。主要措施包括向境外投资项目提供优惠贷款；积极开展双边与多边的银行合作；政策性银行与非洲所在国政府部门、企业和金融机构合作建立融资新机制；发展转贷业务，即中国的银行借贷给非洲当地银行，再由当地银行转贷给中国对非投资企业；中国进出口银行开创了“资源—信贷—项目”一揽子合作方式，推动“贷款换资源、贷款换市场”的模式。其中政策性银行为境外投资项目提供多种金融支持尤为重要。众所周知，矿业是资金密集型企业，尤其在世界矿产品价格低迷的背景下，在非中国矿企面临巨大投融资压力。为缓解企业自筹资金的巨大压力，2016 年 3 月 8 日，国家开发银行、中非发展基金和中国有色在赞比亚首都卢萨卡就中南部非洲区域金融合作签署专项协议。根据协议，上述两家金融机构根据中国有色业务发展规划和融资需求，提供意向金额为30亿美元的各类金融产品服务。如此大的额度支持在大型政策性银行针对非洲地区企业的授信中绝无仅有，充分体现了中国对在非中资企业的支持，解决了企业的后顾之忧。（3）商业性金融机构的金融支持。主要包括提供商业性贷款；金融机构将分支机构设到企业境外投资密集地区；各类投资公司通过投资参股支持对非投资，并逐步建立投资公司与政策性银行之间的转融通渠道。（4）利用财政政策支持对非投资合作。财政方面对部分企业境外投资提供补贴，税收方面实行各类税收优惠。

三　对非投资的问题与挑战

事实表明，中国的投资为非洲增加就业、改善基础设施、推动经济发展做出了积极贡献。但我们也注意到，随着中国对非洲投资的深化发展，中国的投资并非尽善尽美，确实存在诸多的问题，而且来自非洲、中国和国际三个层面的新挑战进一步凸显，威胁着中国在非洲投资的持续发展。

（一）政治因素

1. 非洲国家政治和安全风险趋升

非洲大陆的政治风险突出表现为战争内乱和政权

更迭，是中国企业在非洲投资经营的过程中面临的最大、最不可预期的风险。2011 年北非动荡标志着非洲大陆政局进入了新一轮激烈变动期。虽然仍可沿用“总体稳定、局部动荡”来诠释非洲政局的总体走势，但不可否认，利比亚战争对非洲地区和平与安全局势造成许多“暗伤”。① 特别是非洲国家和区域内部矛盾交织，本身属于“敏感体质”，再加上外部干涉与强权的介入使得一些非洲国家的政治和安全风险高发。虽说中国对非投资进程中，也面临着非洲基础设施落后、产业条件差、原材料短缺、价格高、通货膨胀上升、主权信用风险趋升而带来的经济风险，但当前压倒一切的当属政治风险和安全风险。非洲国家民主政治体制不完善，选举充满不确定性成为外资企业面临的较大风险。一些非洲国家的政权更迭也会导致政局紧张，新政府政策的变化和不连续，甚至不认可前届政府已经签订的意向书和合同，均会给项目实施带来不利影响。此外，投资非洲的中国企业还面临着部分非洲国家恐怖袭击事件多发、社会治安差、犯罪严重，黄热病、艾滋病、霍乱、埃博拉等恶性传染病，饮用水安全等非传统安全的严峻挑战，对企业业务发展构成威胁。值得注意的是，非洲国家之间或国家内部由

① 刘鸿武：《非洲发展大势与中国的战略选择》，《国际问题研究》2013 年第 2 期。

于资源利益纷争逐渐引发的动荡和社会动乱也制约着中国企业走进非洲、扎根非洲的进程。因此，中国企业必须进一步提高应对风险的防控能力，大中型国有企业更是肩负着国有资产的保值增值重任。

2. 非洲国家经济上对华期望值上升，但同时投资环境隐现趋紧迹象

中国是世界上最大的发展中国家，非洲是发展中国家最为集中的大陆。但是，这种提法在非洲正在面临挑战。随着中国的崛起，中国与众多的发展中国家拉开了距离，导致许多非洲国家不再认同中国是发展中国家，认为中国应该承担更多的国际责任。由于非洲多党制下民选政府大多存在任期短、功利性强的特点，往往在与中国的发展合作方面对中国抱有不切实际的合作期望，超出中国的实际承受能力。与此同时，非洲国家投资与贸易政策缺乏连续性。在安哥拉，“基础设施、贷款换资源、换市场”的合作模式面临挑战，后劲不足。南非内政部收紧多项签证政策，新的黑人经济振兴政策对支持黑人企业和本地化的要求大幅提高，提高了外国投资者的投资风险。另外，一些非洲国家的移民局、警察、税务和机场海关人员针对中国企业和中国人的随意查扣、罚款很普遍，这在一定程度上反映了非洲投资环境尚需改善之处。再则，非洲国家政府普遍存在较严重的腐败现象，严重损害了非

洲市场竞争的公平性，投资的不透明成本较高，且为企业留下把柄和口实；政府人员冗余，办事效率低；法律法规或有失全面，或有法不依，执法不严，或朝令夕改，法律随意性较大，给企业经营造成许多不便。以上分析表明，中非关系就是正常的国与国之间的关系，紧密向好的中非经济关系同样潜伏着政治风险，不可小觑。

（二）经济因素

1. 产业发展的基本要素欠缺

（1）非洲交通和动力基础设施落后，影响中资企业的生产和运营。目前，铁路、公路、桥梁、电力、通信等基础设施仍然缺乏。尤其是非洲有 30 个国家电力紧缺，6.35 亿人口用不上电。由于发电和配电基础设施有限，中国在非投资企业的生产效率和利润回报受到经常性缺电的限制。英国研究机构 IDS（Institute of Development Studies）对“中国企业在非洲投资遇到了哪些约束和限制”进行调查，调查显示电力和交通运输分别位居最大限制因素的第二位和第三位。2015 年南部非洲干旱，赞比西河水位下降，加剧赞比亚电力短缺局面，7 月，赞比亚政府开始对矿业企业实行用电限制，限电幅度仅为原来正常用电的 30%，殃及在赞比亚经营的中国有色、金川集团等中资企业的生产运营。频繁的限电及电价波动，无疑提高了中资企业的生产成本。另外，虽然非洲国家拥有劳动力充足且价格便宜的优势，但在物流运输成本上要比国内高出很多，比如在埃塞俄比亚东方工业园区，公路建设和配套设施虽然健全，但运输物流成本却是中国国内的4倍。可见，非洲国家薄弱的基础设施导致投资环境较差，成本的上升和利润的下降无疑会削弱企业长远投资的信心。

（2）单个非洲国家市场容量有限，困扰企业长远发展。虽说非洲大陆地域辽阔，整体面积相当于中国的3倍多，但却拥有54个主权国家；虽说市场潜能是非洲大陆发展的优势之一，但被分割成54个国家后，大市场的潜在优势就被“碎片化”分布的诸多狭小市场的劣势所取代。受殖民地经济之影响，多数非洲国家经济结构畸形，存在生产与消费脱节的问题。非洲大部分国家（地区）都存在工业基础薄弱、重要的生产和生活物资严重依赖进口的局面。现在中国企业为帮助非洲国家发展工业，建立了一些工厂，但囿于狭小的容量，加上物资缺乏、配套条件差，物流成本高，投资困难重重。例如，福建民营企业在赞比亚投资成立了国泰钢铁赞比亚有限公司，最初在赞比亚仅投资建设了一个轧钢厂，后来又追加投资建设了制氧厂、机修厂等配套工厂，还准备组建运输车队。该轧钢厂线材产能10万吨，但产量达到5万吨时就基本满足了赞比亚的市场需求，只能向周边国家出口。由于赞比亚国内运输以公路为主，运输成本高且耗时长，导致产品竞争力下降，成为困扰公司长远发展的大问题。

（3）非洲国家资金短缺严重，中资企业投融资也面临巨大压力。众所周知，尽管进入21世纪非洲经济有所发展，多国出台了中长期经济和社会发展规划，但是非洲自有建设资金匮乏，需要外来资金帮助实施规模宏大的基础设施建设、工业化等发展项目。而且2014年以来，全球经济低迷牵扯非洲经济下滑，外汇收入锐减。不仅导致许多非洲东道国政府出资项目减少，而且导致非洲政府的融资担保和保障能力较弱，这对自有资金不足的中国形成巨大的挑战。从中国方面来看，虽然从整体上说中国投资非洲具有资金和技术等优势，但是中国企业特别是石油、矿业等资金密集型企业以及大多数民营企业在投资非洲过程中往往面临企业自筹资金不足的巨大压力。

虽然民营企业已然成为中国对非投资的生力军，但他们普遍面临自有资金不足、融资难，融通、汇兑渠道不畅等问题，不仅限制了企业对非投资规模，而且增加了企业的运营风险和成本。近几年随着中国经济的减速放缓，国内金融机构因担心坏账风险，对中小民营企业一直存在惜贷现象。此外，企业的海外资产无法监管，国内金融机构就更不愿为风险高、项目小的民企海外投资项目提供直接融资或担保。同时，民企在非洲本土融资又面临诸多问题。譬如非洲国家小额信贷的利率偏高，并且银行系统不完善、担保要求高、贷款缺乏记录、公共部门挤出私人部门贷款、大部分企业没有自己的审计账目也使得中小企业难以获得正式的融资渠道。另外，国内针对中小企业的进出口保险只有中小企业综合保险产品，且只能通过商会、协会等第三方中介平台集体投保；并且国内出口保险平均费率为0.8%—1%，但对非洲地区的平均费率高达2%。

另外，政府针对民企的财政扶持力度不到位，中非发展基金、境外加工贸易项目贷款贴息主要向大企业倾斜，门槛较高，而市场开拓意识强、从事小快灵活加工项目的民营企业很难获得扶持。为促进非洲中小企业发展，国家开发银行专门设立了“非洲中小企业发展专项贷款”。该专项贷款分为直贷授信和平台转贷两种模式，但直贷授信的门槛较高，对企业的资金、规模和项目的风险都有不低的要求，而考虑到非洲当地金融机构或许会对外国企业家歧视，中国在非民营中小企业或许更难通过间接授信的方式获得这项贷款。

（4）非洲国家汇率波动大，影响中资企业的投资信心。非洲国家不仅建设资金短缺，而且外汇缺口较大，汇率变动较大。21 世纪的第二个十年，非洲大陆整体经济形势并不理想，大多数国家的货币兑换美元出现贬值趋势。特别是 2015 年年底的美元加息，更加剧了非洲国家汇率下跌的幅度，造成进口成本和通胀压力加大，使得经济增长的脆弱性加大。对于在非洲投资运营的中国企业而言，非洲货币大幅贬值对企业的经营行为和利润收入产生较大影响。非洲国家汇率下跌更是严重挫伤了自有资金少、缺乏金融支持的中国民营企业的投资信心。特别是对于从事进口加工的民营企业，持续下跌的汇率导致进口原料、材料或零件的成本上升，进货成本增加导致利润率下降，对企业的运营影响很大。如果原料进货地较远，比如从国内到达非洲的海运往往需要一个半月以上，持续的货币贬值导致货物在运输过程中就已经形成汇率差，使得生产成本难以预估，增加了企业生产赢利的不确定性。

（5）非洲劳动力素质普遍不高，提升了综合运营成本。虽说非洲国家劳动力供应充足、价格低廉是吸引中国企业走进非洲投资的优势，但是真正前往非洲投资的中国企业家发现，真正熟练掌握劳动技能的工人并不多，加之历史、价值观、社会文化风俗等方面的影响，非洲工人普遍不适应高强度的工作，劳动效率低下。一般而言，非洲工人的劳动效率仅相当于中国工人的三分之一，加之中国企业投资非洲后还需要对当地员工进行专业技能培训，所以投资非洲的人力成本并不低，非洲国家的劳动力工资成本优势被大打折扣。如若再加上一些非洲国家政府官僚作风盛行，办事效率低下，贪污腐化、主动索贿、故意刁难等问题，无形中提升了中国企业在非洲的运营成本和风险，消磨了中国企业在非洲扩大投资的兴趣。有的中国企业在非洲完成一个项目的成本，能在国内干三个。而语言障碍、文化差异这些看似算不到账面的成本和风险，更是令中国企业头疼的难题。

2. 中非之间经济摩擦渐起、竞争加剧

以往一谈到中非投资合作，中方更多的是强调中非经济层面的互补性、产业梯次的契合点，但不容否认的是，中国的确在某些行业、某些产品等微观层面与非洲国家存在竞争关系，对非洲本土企业有冲击作用。

（1）贸易摩擦。主要体现在中国和南非、埃及等地区大国某些产品的竞争。世贸组织数据显示，1995—2010 年，南非共对 43 个国家启动了 212 起反倾销调查。其中，中国居南非反倾销调查案件国家的首位，为 33 起，占南非反倾销立案总数的 15.6%。主要涉及轻工、纺织、医药保健、土畜产，南非已经对 17 类产品征收反倾销税。埃及从 1996 年开始对中国发起贸易救济调查，截至 2005 年，共发起 17 起反倾销措施，主要涉及机电、轻工、五矿。迄今为止，虽然非洲对中国发起反倾销和贸易救济措施的国家仅两个，涉案金额也较小，但案件数量较多，并有向多个领域延伸的态势。

（2）同业竞争。在非洲，中国国有企业主要投资基建、能源、矿业开采等领域，它们与在非洲涉及同样领域投资的西方跨国公司之间有着明显的竞争关系。而着眼于海外市场的民营企业同非洲本土企业在制造业和服务业领域存在利益纷争，但并非全方位的竞争。虽然，非洲国家政府对中国公司带来的资金和技术表示欢迎，但也对中国公司为当地企业带来的竞争压力表示担心。事实上，中国对非洲国家某些行业的本土企业或多或少有排挤效应。来自南非学者的研究发现，自中国加入 WTO 以后，来自中国的制成品对南非的制造业产生了重大影响。2000—2010 年，大量中国产品渗透到南非市场。在南非进口的 45 个制造业行业中，中国产品在 27 个行业中名列前茅，并且中国在南非制造业市场上的份额稳步增长，从 1995 年的 0. 39% 增长到 2010 年的 6%。中国企业和产品的强大竞争力导致南非制造业有“去工业化”的风险。再看建筑业，非洲当地建筑公司对中国贷款项目只允许中国企业竞标的规定不满，意见主要集中在两个方面：一是对当地中小企业的生存发展不利，二是标价太低，使其他企业无利可图，难以竞争。博茨瓦纳议会在辩论博政府与中国进出口银行一项住房建设贷款协议时，出现强烈的对立意见。提出批评的议员认为，中国贷款的项目不准许当地建筑公司竞标，机会只给中国建筑公司，这对当地公司不公平。

（3）就业岗位的竞争。非洲劳动力市场供应充足，价格低廉，但是非洲人崇尚自由、享受生活的理念，使得他们很难适应高效率、高强度的体力劳动和较高知识储备的高科技生产活动。与此同时，中国工人吃苦耐劳、易于管理，在短期内与非洲本土工人的竞争中占据优势地位。中非劳动力就业的竞争主要涉及建筑业，在基础设施建设过程中，中国公司更偏爱相对勤劳靠谱的中国劳工。对此，非洲人经常抱怨：中国公司通常只雇佣中国工人去从事那些非洲人也能胜任的工作。即便是被中国公司雇佣了的非洲人，有些是季节性短工或主要发挥着点缀履行用工合同比例的作用。以安哥拉为例，众多中国基建公司参与了安哥拉的战后重建。虽然，中国公司与安哥拉签订了70/30的用工协议，中国劳工占70%，安哥拉提供30%。但是，有些安哥拉人只工作了1个月就被中国人取代，实际上全是中国人在工作。它解决了中国的就业问题，但却不利于非洲国家的利益。

（三）国际因素

1. 西方国家对中非投资合作干扰加剧，中非合作的外部环境趋紧

在中非合作论坛引领下，中国不仅成为非洲自主

可持续发展的重要推动者和贡献者，而且逐渐成为国际对非合作的引领者。欧美一些国家的官员和媒体出于酸葡萄心理，大肆指责中国在非洲搞“新殖民主义”，“中资企业控制非洲能矿资源”，“中国融资增加非洲债务危机”等，使中国对非合作面临巨大舆论压力。与此同时，一些西方国家还采取了全方位阻遏的外交战略，隐现合谋围堵中国的苗头。西方国家积极开展对非经济外交，加剧与中国的博弈，从而挤压中国的发展空间。

2. 国际商业竞争加剧

中国对非洲投资不仅遭到西方国家的挤压，同时面临新兴大国的竞争。目前，印度、马来西亚、土耳其、巴西、韩国等国家也在积极拓展非洲市场。印度与非洲的经贸关系发展很快，在非洲与中国大有一争高下之势。在非洲地区，印度主要投资集中在化学、塑料、橡胶化工行业（31%），市场销售和物流行业也有大量涉及（17%）。制药业方面，2011 年印度的大型制药企业兰伯西集团（Ranbaxy）与非洲本地企业创立联合公司在当地批量生产药品，其他印度制药企业如西普拉公司（Cipla）、雷迪博士（Dr. Reddy's）也早早进入了非洲医药市场。汽车制造业方面，印度最大的集团公司塔塔集团 2006 年在南非收购了日本尼桑公司的生产基地，建立起自己的生产流水线。除了建立生产线以外，塔塔集团还在南非国家电视台中播放品牌宣传广告，其媒体效应远强于中国汽车凭借小型经销商在社区免费报纸上的广告效果，通过打造“品牌效应”，其多种不同型号的家用、商用车型在南非及周边国家中已经形成了较高的知名度和口碑。进入非洲市场的中国企业往往注重短期利益各自为战，不注意树立品牌和打造知名度，为抢占市场竞相压价，“窝里斗”、重复投资、分散经营现状普遍，导致中国民营企业与外国具有实力、规模大的企业在非洲的商业竞争中往往处于劣势。

（四）法律因素

随着中非经贸关系的快速融合，中非之间的竞争与摩擦问题逐渐显现。尤其是 2014 年以来，世界经济的不景气，以及中国和非洲各自经济增速的放缓，中国投资者与非洲国家的贸易投资争议日益增多。2015 年 12 月，坦桑尼亚的中坦友谊纺织厂发生非洲员工暴力讨薪事件，导致工厂在 2016 年 1 月下旬被迫停工停产，“中非友谊的象征”面临严峻考验。2016 年 3 月初，在津巴布韦投资的中国安经公司因拒绝加入津巴布韦联合钻石公司（ZCDC）而被政府强行关闭，给公司带来巨大损失，严重侵犯了中方持股人的利益。为此，安经公司依据中国和津巴布韦两国政府所签协议，向津巴布韦高等法院提出申诉。该案或成中非投资争议第一案。未来，随着越来越多的中国企业走进非洲，中国投资者利用 BIT 解决在非投资争议的案例不可避免。然而现实情况是，截至 2015 年年底，中国政府仅与 33 个非洲国家签署了双边投资保护条约（BIT），实际生效的只有 17 个，不足中国在非洲投资覆盖率的 1/3，安哥拉、赞比亚、南苏丹等中国投资较多的国家也未包括进去。显而易见，如此不足的法律框架显然不能为中国投资者带来有效的法律保护，中国在非投资的 3000 多家企业面临着不容忽视的、潜在的法律风险。

（五）社会文化因素

近年来，包括对非投资在内的中非经贸合作迅猛发展，但中非之间的价值观、文化领域的交往并没有同步跟进。中非之间的文化差异成为中国对非投资合作存在问题的根源之一。其中跨文化根源无疑是重要的一个。非洲国家对西方国家的价值观和诸类文化更为接受，非洲国家除有本土语言外，普遍官方语言为英语、法语或葡萄牙语，在与西方国家的沟通交流和文化传播上几乎不存在任何障碍；在宗教上，非洲很多国家的民众信奉伊斯兰教和基督教，与西方国家较为接近，信仰的接近导致思想和行为的接近。而绝大多数非洲国家与中国，在政治体制上区别很大，语言不通，文化习俗和宗教信仰相差甚远，经济上虽然都实行市场经济体制，但微观层面和发展道路上也存在明显的差异。抛开西方传统的对非投资大国不论，单论世界主要新兴国家，其与非洲的文化渊源也非中国可比，如巴西、印度，无论在种族、语言，还是宗教，抑或在政治制度和经济制度方面，均有诸多相近之处。因此，中国对非投资存在诸多由文化差异导致的问题，典型的如经济发展策略不符合当地实际情况导致的投资失败；对当地人信仰和思想理解得不深入导致的公司经营策略和道路偏差；产品或宣传与当地文化习俗或信仰相冲突而导致的民事纠纷，甚至刑事案件；中国企业与当地社区、居民之间由于语言问题导致的种种误解；政治制度和法律法规理解上的不同导致的政治风险和法律风险，等等。这种跨文化问题是客观存在，并将长期存在的。

（六）中国因素

1. 中国对非投资缺乏统一的、周密的规划指导

20 世纪 80 年代至今，中国政府对中非投资合作的重视程度越来越高，采取多种服务措施，着力推动；但却一直没有制定统一的、全局性、系统性的对非投资战略规划，更遑论分地区、分国别和分行业的具体战略规划。虽然一些相关的政府机构或对非投资行为主体或某些科学研究机构做过一些对非投资规划的研究和制定工作，但一方面有该行为的机构缺乏权威性，缺乏代表性；另一方面其研究缺乏针对性，也缺乏长

期战略性，总体规划的研究大而化之，缺乏可操作性；地区国别和行业规划不够细致，与对非投资现实差距甚远。缺乏战略规划指导是目前中国对非投资存在诸多问题的主要根源之一。其直接导致了对非投资的总体战略方向不明，全局性和系统性的缺乏；对非投资相关部门缺乏协调，同质性工作过多，造成资源浪费或恶意竞争；对非投资主体投资存在盲目性、分散性和短视。长此以往，规划的缺失将严重危害中非投资合作，乃至中非经济发展和中非关系发展的长期可持续性。

2. 中国政府对非投资监管体系和服务体系发展滞后

对经济行为主体进行监管是一国政府在市场经济体系下的最为重要的职能之一。目前，中国政府对非投资的监管体系发展严重滞后。具体体现为以下几点：首先，中国尚未出台“对外投资法”，更没有出台专门的“对非投资法”，致使对非投资无法可依；其次，缺乏统一的对非投资管理部门，中国商务部、发改委、地方政府部门等多家单位拥有对非投资管理职能，部门复杂冗余，职能交叉混乱，审批手续复杂，一方面造成工作效率低下，另一方面造成责权不明；最后，对非投资监管部门工作能力相对低下，存在监管不到位的情况。与监管能力低下相对应的是，相关部门对企业服务意识淡漠，官本位意识较强，对非投资企业的配套支持不足，法律保障、金融支持和信息服务体系不完备。非洲地区的投资风险高于世界其他地区，而中国至今尚未建立相应的风险补偿机制，极大抑制了国内企业投资非洲的积极性。中国亦缺乏权威的境外投资信息咨询服务体系，中非企业间严重信息不对称。此外，在对非投资的信息披露方面，中国政府存在缺陷，如对非投资信息统计和披露得不够细致和全面，且公布不及时；国内各相关机构统计的口径和数据不一致，部分统计口径和方法与国际惯例不接轨。上述问题，一方面给中国对非投资企业、相关研究机构的实际工作带来困难，如缺乏研究数据和研究数据的应用性较差等，另一方面受到国际社会的广泛诟病，成为西方媒体抨击中国对非投资的标靶。

3. 中国对非投资主体实力不足，且恶性竞争频发

改革开放以来40年的经济高速发展，打造了一批有实力的企业。但中国企业对外投资的历史较短，除少数“走出去”较早的大型国有企业外，多数中国对外投资企业缺乏成熟的海外市场经营、管理经验和属地化经营管理能力；实力的不足导致中国对非投资企业在某些大型投资项目上竞争力缺乏。除市场开拓和经营能力不足之外，中国对非投资主体的能力不足还表现在人力资源问题上，一方面，中国对非投资企业

缺乏大量高素质复合型人才，在非洲投资的企业需要既懂经营管理，又懂外语，熟悉国际投资、国际法，熟悉非洲投资开发规则、法律法规及非洲各国政策的综合性人才，面临无人可用的情况；另一方面，非洲大部分国家劳动力素质较低，不能适应复杂的技术劳动，培训成本较高；同时非洲当地工会组织势力强大，劳动保护力度较强，劳动力工资成本相对较高，也导致了用人难的问题。此外，中国对非投资企业由于普遍创新能力不足，缺乏独有的技术、品牌，导致这些企业在非洲经营高度同质化，同质化竞争的一般结果就是部分企业相互拆台，互挖墙脚等；这种无序竞争也发生在上下游企业间、贸易与资源性企业间、贸易与运输企业间，这种内耗削弱了中国企业在非洲市场的竞争能力。

4. 部分中国企业在非履行企业社会责任存在缺失

在中国对非投资企业中，多数国有大中型企业和大型民营企业的企业社会责任履行情况良好；但部分大中型企业和诸多小型企业存在不同程度的企业社会责任履行缺失问题。部分企业片面强调经济效益，采用各种非法手段，低价倾销、以次充好；部分企业行为不符合当地的风俗习惯；有的企业忽视当地法规、劳工权利问题，劳资关系紧张；有的企业无视当地环保法律法规，无视中国制定的投资企业环境保护标准，严重破坏当地环境，引起了当地社会的不满，严重影响了中国企业在非洲国家和人民心中的整体形象。

属地化经营是企业跨国经营的最高层次，是履行社会责任的重要方式。而目前中国对非投资企业属地化经营程度还较低。针对当地需求的企业发展战略不足，市场渠道本地化不充分；管理方式与当地风俗习惯时有偏离；部分中国企业雇佣当地工人数量偏少，尤其是管理和技术岗位。属地化经营程度偏低不利于企业获得当地居民的认同感，不利于企业的产品和品牌开拓市场，不利于企业规避政治等诸多风险。

第四章　扩大中国在非洲投资的方略及政策建议

中国对非直接投资是中非关系中不可或缺的组成部分和重要驱动力量，关乎中国经济可持续发展，乃至经济安全之大局。因此，研究扩大中国在非直接投资的战略，必须要有全局视野。要立足于中国经济发展的长远需要，契合中国经济发展方式转变和结构调整的现实需求；兼顾并满足非洲国家的发展愿望和实际需求；同时也要适当考虑大国在非洲的利益关切。只有处理好中国与非洲、中国与大国之间的各种利益关系，只有维系中非经贸合作大局的可持续发展，才能促进中非投资合作与国际体系之间的良性互动；才能为扩大在非投资营造良好的环境，确保中国对非战略意图的实现。

第一节 扩大中国在非洲投资的重要性

一 中非经贸合作现有格局亟须补短板

中国与非洲的经贸合作主要包括贸易、工程承包、投资三种形式。近年来贸易、工程承包、投资均取得了显著进步，三种合作形式已经初步显现“并驾齐驱、相互支撑”的态势。但进一步分析中非经贸合作的内部结构，就会发现所谓贸易、工程承包、投资这“三驾马车”虽然有齐头并进之势，但“三驾马车”的各自体量大小着实不同，这意味着中非经贸合作的内部结构是失衡的，对未来中非经贸合作的质量和可持续发展有明显的不利影响。

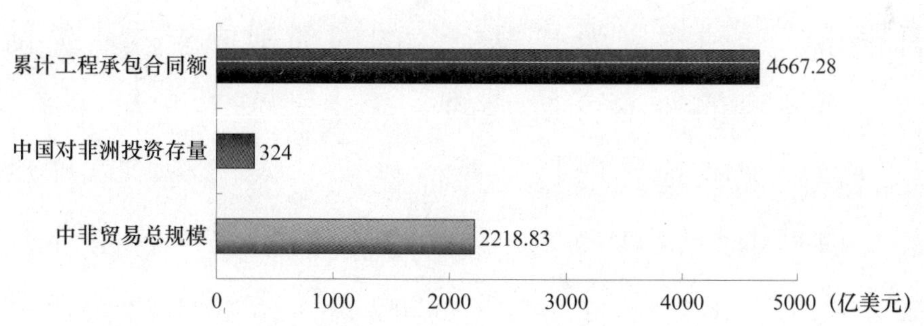

图5－1 2014年中非经贸合作主要方式构成情况

资料来源：根据中国商务部、国家统计局、国家外汇管理局等相关数据编制。

1. 对非洲投资是中非经贸合作的主要方式，但相较中非贸易和工程承包，对非投资具有起步晚、存量小、影响力不够的特点，“短板”地位亟待提升

中国商务部数据显示，进入21世纪以来，中国对非援助规模增长了10倍。但更引人注目的是双边贸易的跨越式增长，2014年中非贸易规模达到2219亿美元；中国在非工程承包一路攀升，截至2014年年底，累计工程承包合同额达到4667亿美元。尽管中国对非投资流量从2003年的7500万美元升至2014年的32亿美元，投资存量超过324亿美元，与对非贸易规模和对非工程承包的规模不在一个数量级上。仔细分析中非经贸合作中三种形式的构成，发现合作效益和层次相对较低的对非贸易和工程承包规模大，占比高；合作效益和层次相对高的对非投资绝对量和相对占比都很小，这种投资为“短板”的内部构成显然是失衡的、不健康的、不可持续的。从中非贸易角度来看，尽管曾出现跨越式增长，总体呈现基本平衡的良性格局，但是中非贸易局部失衡问题，即对于大多数非洲国家而言，中国永远处于贸易顺差地位问题仍未得到根本性解决，威胁着中非关系的健康发展。为减少非洲国家对中国的微词，中国加大对非投资力度无疑是促进中非贸易平衡发展的治本之道。中方重视培育非洲国家产业，鼓励中国企业到非洲投资建厂，加大对

非洲制造业、基础设施产业的投资，帮助非洲国家改善投资环境，能够有更多的产品出口，有利于中非经贸合作的持续、健康发展总体呈现基本平衡的良性格局。从对非工程承包的角度而言，尽管中国在非洲的工程承包屡创佳绩，中国建筑公司成为对非洲基础设施建设的主力军，但多年来中国公司都是以乙方承包的方式来中标承建非洲基建项目，尽管中国公司也需要采取带资承包的方式来承揽中国政府、非洲政府、世界银行等国际组织的项目来获得赢利，但这绝非直接投资的性质。况且，项目完成后，中方不参与运营就不能与所在国的经济利益发生深度融合，不能增加中国对非洲的影响力和控制力。可见，中非经贸合作的内部结构失衡是不利于中非关系长远健康发展的。究其原因，主要是中国政府和企业以往过于重视贸易和工程承包，轻视对非投资造成的。

2. 中国经济增速放缓，国内产能和投资过剩、外需支撑力度下降、成为资本净输出国的“新常态”表明，中国企业除“走出去”别无选择

近年来，中国经济受国内外因素的综合影响，呈现“新常态”。尤其是国内产能和投资过剩问题突出。为此，中国政府制定并全力推进“一带一路”建设，通过国际产能合作来加速去产能；通过金融改革，努力推动中国企业与外部世界的深度融合，为中国经济

的稳增长、调结构创造良好条件。“一带一路”建设主要是开展跨国互联互通，提高贸易和投资合作水平，推动国际产能和装备制造合作，本质上是通过提高有效供给来催生新的需求，实现世界经济再平衡。

非洲作为“一带一路”倡议的重要延伸地带，产能合作自然成为重要的合作内容。在中国，国内产能富裕的28个产业，如钢铁、有色金属、平板玻璃、食品加工产业、能源产业，能源产业如核电、水电、风电还有太阳能，特别是提高核产品的核心技术，还有国际竞争力，在国际上的知名度是非常高的。这些产业对于非洲而言，还属新兴产业，很有市场。而中国在装备制造业、高铁、轨道交通、工程机械等方面的优势产业，恰恰是大多数非洲国家的稀缺产业，合作空间广阔。

3. 非洲国家实施的包容性增长战略欢迎外国投资者投资非洲，特别是劳动密集型的制造业，创造更多就业岗位，推动非洲发展，减少贫穷

非洲国家迫切希望引进中国投资，帮助其发展经济、改善民生，实现脱贫致富。非洲大陆、地区组织和单个国家都在谋求实现工业现代化、城市现代化，同中国全面实施经济转型与产业升级形成了难得的历史性对接。可以预见，中国对非投资将呈现更大规模的推进形态。

4. 国际经济合作的经验表明，只有投资合作方式成为国际经贸合作中的强项时，投资母国和东道国双方的利益才能深度交织，才能融为命运共同体

国际投资是国际经济合作领域中层次最高、效率最高的合作形式，其合作层次和效益明显高于贸易和工程承包。投资者通过掌握资产的运营权和控制权，实际上掌握了经济生活的话语权。因此，中国要想提升对非洲国家的影响力，在经贸领域就必须加大对非洲投资这个短板的支持力度，使其成为未来中非经贸合作的引领方式，由此推动中非经贸合作转型升级。

二 扩大在非洲投资的前景分析

（一）“新常态”下以投资为引领的中国经济稳定增长对全球经济利好

1. 2015 年中国对外投资创新高，首次位列全球第二

最新数据显示，2015 年中国对外直接投资创下了 1456.7 亿美元的历史新高，实现连续 13 年快速增长，占全球流量份额的 9.9%，同比增长 18.3%，金额仅次于美国（2999.6 亿美元），首次位列世界第二，并超过同期实际使用外资规模，实现资本净输出。中国对外投资合作增强得益于中国经济实力提升、“一带一路”倡议推动以及国际市场需求等多种因素，有利于

企业融入全球化进程，带动国内经济发展。随着地方企业的活跃、“一带一路”的推进等，中国对外直接投资仍有较大空间，“走出去”势头将更为强劲。

2. 中国经济优化结构、调速换挡并不影响非洲继续从中国获益

第一，在全球范围内，即使中国经济减速，中国仍是世界经济的引擎。看待中国经济的增长速度需要放到全球低增长、低通胀和高负债大背景下。当今的世界经济，你中有我，我中有你，难以做到独善其身。从与世界平均增速的关系看，中国经济对世界经济增速的弹性并没有明显下降。自 1991 年以来，全球平均经济增速为 3.6%，中国平均增速为全球经济增速的 2.7 倍。2015 年全球经济增速约为 3.1%，中国经济增速虽然持续下行，但是 6.5%—7% 的增速仍为世界平均增速的 2.3 倍，是拉动世界经济增长的积极力量。

第二，中国对非洲产品的需求并没有消失，非洲仍是中国经济可持续发展不可替代的战略伙伴。作为非洲的主要贸易伙伴，中国经济增速明显高于同是非洲主要贸易伙伴的欧洲国家，即使 2015 年中国从非洲的进口额下降 39%，但是中国从非洲进口的能矿资源产品和特色农产品的数量并没有减少，这说明中国对非洲产品的需求仍然强劲，非洲仍是中国发展的受益

者。贸易额的下降只是国际大宗商品价格低迷所致，中非贸易并非量价齐跌。尤其需要指出的是，中国和非洲国家对于大宗商品价格没有定价权，定价权操控在欧美发达国家手中，因此无论大宗商品价格涨或跌，中非双方无法规避“高买低卖”的风险。

第三，导致当今非洲经济增速放缓的主要原因是非洲内部的结构性问题，同时遭遇世界经济周期性下滑的挑战。受殖民遗产的影响，尽管独立后许多非洲国家为实现经济多样化进行了不懈的努力，但仍未摆脱“生产的不消费，消费的不生产”，即生产与消费脱节的格局，国际市场成为连接非洲国家生产与消费的重要纽带。由于非洲缺乏推动经济增长的内生动力，抗击外部冲击的能力有限，因此在国际经济环境不利时，非洲经济疲软已是常态。

第四，中非合作论坛约翰内斯堡峰会的指引和保障，继续给非洲发展信心和希望。自 2000 年中非合作论坛创立以来，中非双方通过实施 5 个三年行动计划已然结为命运共同体。2015 年 12 月中非合作论坛约翰内斯堡峰会提出的 2016—2018 年的“行动计划”和“十大合作计划”成为未来合作的具体指引，从中可见如下诸多特点：经济相关合作占据很大比重，投资成为中非经济合作的核心与主导方式，劳动密集型产业是中非产能合作的重要内容，详细描述了对非基础设施合作的具体领域以及工作重点，重申了对非投资和对非贸易的数量目标，园区投资、帮助非洲国家“筑巢引凤”成为一大抓手，为中非基金扩容，支持非洲基础设施建设、农业和工业化进程，等等。上述内容与非洲国家的主要发展诉求高度契合，给非洲经济发展带来信心和希望。2018 年，中非合作论坛将在北京召开峰会，中非领导人将再次聚首北京共商中非友好合作大计，规划新时代中非合作蓝图，预计将深化中非全面战略合作伙伴关系，在更高水平上实现中非合作共赢、共同发展。

（二）非洲乃全球经济增长重要一极的趋势没有改变

虽然相较于 21 世纪的第一个十年，2010—2016 年非洲经济增速放缓，但是非洲资源和市场的潜力尚未充分释放，而且随着非洲城市化的迅速推进、劳动力的增长、科技产品的普及等都将助推非洲经济腾飞。

1. 2010—2016 年非洲经济增速放缓是暂时现象

2016 年 9 月，美国麦肯锡全球研究院发布的《移动的雄狮第二季：实现非洲经济潜力》（*Lions on the Move II: Realizing the Potential of Africa's Economies*）报告，2010—2015 年，非洲 GDP 年增长率为 3.3%，较 2000—2010 年 5.4% 的年增长率显著下降。2010—2015 年，吸引的 FDI 数额基本保持不变，相较于 2005—2010 年 FDI 翻两倍的表现有明显差距。2017 年

《经济学人》发布的《2017 年非洲商业展望调查》结果显示：商业领袖普遍认为非洲经济增速放缓是暂时现象，在非经营企业 2016 年赢利水平并不低于世界其他地区，非洲吸引外部投资的长期前景是乐观的。理由有三：一是预计未来五年全球大宗商品价格稳中有升，商品出口国经济将获得提振；二是即使非洲整体上过去几年表现低迷，部分非洲国家经济仍将维持强劲增长态势，以肯尼亚为首的东部非洲国家将受益于区域一体化、日益增加的中产阶级，以及基建投资拉动的经济高速增长；三是即便是经济陷入低增长或衰退的西部非洲和南部非洲，商业机会尚存。

2. 城市化、人力和资源优势、市场潜力继续支持非洲经济前景看好

尽管非洲各国 2010—2015 年的经济形势差异明显，非洲地区整体的经济前景仍然看好。2015 年，非洲的整体 GDP 增速仍高于全球平均水平，且在未来五年内仍有可能重拾世界增速第二快的地区（仅次于亚洲）席位。从长远来看，以下四点因素将对非洲经济产生积极的助推作用。

其一，非洲未来将成为全球城市化最快的地区。未来十年（2016—2025 年），预计将有 1.87 亿非洲人从农村进入城市，这相当于目前非洲最大的城市——埃及首都开罗人口的 10 倍。2015—2045 年，非洲每年

将有2400万人进入城市，而这一数字在中国是900万人、在印度是1100万人。城市化与GDP增长具有很强的相关性：2015年，非洲的城市人均GDP为8200美元，而农村人均GDP仅为3300美元。城市化会带来更大的市场和更好的学校、医院、基础设施，并促进各行业的经济增长。不过，非洲国家也必须直面城市扩张所带来的压力。

其二，2034年非洲的劳动力人口数量将成为全球第一。在全球老龄化的大背景中，非洲的人口结构年轻化、劳动力不断增长，在国际竞争中具有很大的优势。2034年，非洲的劳动力人口将达到11亿，超过中国和印度。然而，非洲面临的挑战是要为这些增加的人口提供足够多的工作机会。

其三，非洲对于科技产品的巨大需求。科技是人类改变世界的重要工具。互联网和移动手机的普及将促进非洲地区的经济发展：2015年，非洲的智能手机普及率仅为18%，到2020年这一比例预计达到50%；2025年，互联网也将驱动非洲GDP 10%的增长。此外，移动支付正在扫除地区间的种种障碍，特别是东非国家在这一领域已经领先全球。电子商务也正在非洲蓬勃发展。比如2010年以来，尼日利亚的电子商务收入翻了1倍，并呈现良好的发展势头。

其四，非洲具有丰富的资源储备。非洲拥有全球

60%的未开发耕地，且在钒、锰、铂、钴、铝、铬、黄金、钻石、磷酸盐等矿藏的储量上排名全球第一。目前，非洲出口的油气占全球出口量的10%，铜矿占9%，铁矿占5%。即使目前大宗商品的价格偏低，非洲产品仍然具有价格上的竞争力，这为非洲经济的未来发展提供了保障。

3. 非洲在制造业、农业、移动通信等领域潜力巨大

（1）非洲制造业极具潜力，有望成为下一个“世界工厂”。制造业是经济增长的引擎，但近年来非洲制造业表现一般，对GDP的贡献率仅10%，远低于东亚的25%，且生产能力主要集中在埃及、摩洛哥、尼日利亚、南非、突尼斯等少数国家。未来如果非洲国家可以提供更好的制造业发展环境，其制造业有很大的发掘空间。非洲各国可充分依托其现有生产能力发展制造业，如加纳的铝冶炼、黄金精炼、农业加工，肯尼亚的机械及汽车零部件生产，加蓬和塞拉利昂的炼钢业等。这不仅能创造更多就业机会、减少进口，还可增加非洲内部贸易、降低外部冲击的影响。较低的劳动力成本、丰富的自然资源、便利的过境贸易区位、巨大的消费市场，都助力非洲成为下一个低成本制造业和资源密集型制造业的中心。2016年麦肯锡全球研究院在其发布的《移动的雄狮第二季：实现非洲经济

潜力》中预测，2025 年非洲制造业的产出有潜力翻番至 9300 亿美元，同时，在未来十年间创造 600 万到 1400 万个稳定的就业机会。目前，非洲一些国家已在向该方向迈进，特别是肯尼亚、毛里求斯、摩洛哥、南非、突尼斯和埃塞俄比亚。

（2）非洲农业转型势头良好，投资机遇比比皆是。2016 年 9 月，非洲绿色革命联盟（Alliance for a Green Revolution in Africa，AGRA）发布的《2016 非洲农业现状报告》指出，在经历了数十年的停滞期后，2005 年以来多数非洲国家农业生产率持续增长，有些国家开始出现劳动力从农业向非农产业快速转移，中型和大型农户的数量快速增加，农商业和下游粮食加工产业也开始发展，非洲出现了农业转型的良好势头，推动经济转型。该报告还总结了近十多年非洲农业发展的十大趋势：第一，非洲农村人口持续增长，对非洲农业带来更大压力，同时也将推高地价和推动土地市场的发展，还可能促使更多青年劳动力在地区间和产业间进行迁移；第二，非洲的城市化和城市人口的增加，将使食品消费更趋于多样化，一方面增加对粮食供应体系的压力，另一方面也将促使粮食供应链投资的增加以及农业加工和高附加值农业的发展；第三，劳动力从农业向建筑业、商业和制造业等非农产业转移以及在农业食品体系内实现就业；第四，农业生产率与减贫多呈正向关系；第五，土壤肥力下降构成非洲农业转型的一个限制因素；第六，土地价格上升趋势明显；第七，气候变化继续影响非洲农业发展；第八，对主食进口的依赖性增大；第九，非洲农户市场准入条件改善；第十，农地所有权和农场规模分布均将发生变化，特别是中等规模的农场增多。基于上述十大趋势的分析，对外国投资者而言，在农业用地、农业基础设施、农产品加工、现代农业技术等领域，均存在着较大的投资机会。

（3）非洲移动通信行业快速发展，逐步从语音向数字服务为主的多元化转变。非洲经济增长与中产阶级的崛起将带来巨大的消费需求。非洲开发银行估计，2016 年非洲中产阶级人口约有 3.5 亿，到 2020 年非洲还将至少有 1 亿人成为中产阶级。随着中产阶层的壮大，非洲移动通信用户迅速增长。根据全球移动通信系统协会（GSMA）统计，截至 2015 年年底，非洲共有 5.57 亿移动用户，相当于总人口的 46%，虽然普及率不高，但已成为世界上第二大移动终端市场。预计到 2020 年，移动用户数量将增加至 7.25 亿，约占当年非洲预期人口的 54%。随着该地区移动用户覆盖率的提升、硬件设施的改善，未来非洲移动通信将逐步转向以数据服务为主的多元化服务。传统通信业务将与银行、媒体、广告、零售等紧密结合，带动非洲网上银行、数字传媒、移动广告等领域的快速发展。

（4）基础设施融资需求仍然很大。非洲基础设施融资缺口较大，但在全球化背景下，非洲各国面临多元化融资选择，全球经济也将从非洲的工业化和生产性基础设施建设中受益。2012—2016 年，非洲基础设施的年均投资额为 750 亿美元，主要来源于非洲国家政府、捐赠和中国。据非洲开发银行估计，2016—2025 年，非洲每年的基础设施投资需求 1300 亿—1700 亿美元，融资缺口将高达 1080 亿美元。法律、监管政策框架的缺失，基础设施规划和项目准备方面的不足、政府治理水平的低下和腐败的盛行，均阻碍了非洲基础设施投资进程。

（三）非洲大陆内部环境更加脆弱与易变，投资风险加大

2014 年以来不断涌现的“第三任期”问题已经在非洲的布基纳法索、布隆迪、刚果（金）等国引发骚乱，殃及政局的稳定性。非洲领导人“第三任期”问题的根本原因是西式民主与非洲本土政治交融而出现的水土不服。在“多党民选”这条红线难以逾越的情况下，突破任期限制就成为非洲执政者延续和巩固政权的迂回之策。2017 年肯尼亚、津巴布韦、南非三国政局均出现较大波折，肯尼亚的二次大选最终还是肯雅塔总统连任，但来自奥廷加的政治角力并未最终

落幕；津巴布韦总统宝座提前易主，给人留下军人干政的隐忧；南非总统祖玛被迫下台，拉马福萨总统全面接管南非党政事务，虽然提高了南非政局的稳定性，但如何在未来重塑南非大国的凝聚力，引领南非经济走出低谷，将成为2019年大选能否胜出的重要考量。总之，在众多非洲国家，因政治转型引发骚乱的负面效应很快传导至安全领域，加之全球经济不景气、恐怖主义势力渗透等多个外部因素共振，使非洲大陆保持了近20年的稳定发展环境出现脆弱性和易变性。

（四）脆弱复杂的国际经济环境下，新机遇与新挑战并存

2008年国际金融危机以来，欧洲、美国、日本等西方国家经济都出现了不同程度的通缩，全球结构转型与调整持续给经济施压。目前，全球经济虽有复苏迹象，但增长依旧乏力，正处于新一轮的“再调整”过程中。欧美发达国家为刺激本国经济的发展，纷纷制定“再工业化”战略，导致制造业向发达国家回流。这种新趋势不仅使给原本处于出口比较优势地位的中国、印度等新兴经济体带来冲击，而且凸显了处于低发展梯度的非洲国家在劳动力、资源等方面的优势地位。可见，中非投资合作可以实现优势互补，未来发展空间和潜力巨大。

1. 国际经济下行周期背景下，中国在非洲投资可谓挑战与机遇并存

当前全球经济复苏乏力，处于下行周期。大宗商品价格水平走势低迷、美元加息使得非洲国家发展的外部经济环境恶化。非洲作为大宗商品主要输出地，大宗商品价格的走势关乎非洲国家的贸易条件，对非洲经济波动的影响非常显著。2015 年大宗商品价格低迷的走势，导致安哥拉、尼日利亚、刚果（金）、塞拉利昂、南非、赞比亚和博茨瓦纳等国财政入不敷出、基础设施建设资金减少，打乱了国家的经济规划，既定的投资计划被迫推迟甚至搁浅。2015 年 12 月 16 日，美联储宣布上调联邦基准利率 25 个基点，对已经遭受大宗商品价格低迷的非洲国家经济来说无疑是雪上加霜。除了承受大宗商品价格低迷的损失外，非洲国家还要承受美元加息而导致的本币贬值造成进口成本和通胀压力加大的损失，无疑加大了经济增长的脆弱性。另外，美国加息从全球回收流动性，持有大量外债的非洲国家面临资金外流和外债上升的风险，经常项目赤字越高的国家越容易导致资本外流。非洲国家前些年所面对的流动性充裕和低借贷成本的宽松环境已经发生逆转，美元进入加息通道可能导致流入非洲的国际资金减少，非洲国家经济陷入困境，使得在非投资的中国企业面临严峻的挑战。汇率惊魂，可让

企业伤筋动骨；资本和利润汇出受到限制、本土化政策的趋近，导致中国企业在非运营阻力加大，风险提高，影响企业的可持续发展。当然，任何事物都有其两面性。国际经济下行周期，非洲经济陷入困境也给中国企业在非扩大投资带来新的机遇。当前资源价格低迷，非洲资源国发展困难突出，具有资金优势的中国企业可以适时以合理的价位收购非洲能源矿产企业股权、资产和相关权益，助力中资企业跻身非洲上中游资源市场。

2. 中非投资合作继续承受大国在非洲的战略竞争与挤压

在本报告第三章“中国在非洲直接投资的总体评估”中，曾着墨分析国际因素中的竞争与挑战，这种想象必将伴随中国在非投资的始末。在当今错综复杂的国际格局中，中国作为对非投资的新生力量，短时间内尚不能改变大国在非力量对比“西强我弱”的总体格局，将继续面临来自欧洲、美国和日本等发达国家的对冲挑战，以及来自印度、巴西、俄罗斯、土耳其等新兴国家的追赶压力。2016 年 8 月 27—28 日，日本在肯尼亚举行第六届东京非洲发展会议，首相安倍晋三表示，日本政府和民间将在未来 3 年向非洲提供总计 300 亿美元的资金，重点支持推进“建设高质量基础设施”。此次日非峰会无论是会议地点、会议间隔期上的变化以及日程上的设置，还是会议出台的政策举措，都明显地显露出强烈仿效中非合作论坛约翰内斯堡峰会模式的迹象；日非合作重点转向基础设施领域，旨在强化对中国的针对性竞争。日本作为世界上的发达国家，既有价值观等软实力的优势，亦有经济、科技、金融等领域的优势，其突出日援基础设施和公司协作机制促进非洲经济增长的功能，许多医院、学校、基建等关乎民生的援助项目在非洲已有较好的社会基础，非洲民众对日本并无恶感，认为日本人工作专业、态度严谨。这些都对中国在非扩大投资形成较大的压力。再者，日本对非合作逐渐由援助为主转向援助与投资齐头并进，且重点投资港口、电力、教育等战略性领域，欲掌控战略性通道和发展关键领域，与中国展开激烈竞争。再看美国，2017 年 12 月，美国发布了特朗普任内首份《国家安全战略》报告，在关于非洲部分的表述中，特朗普政府“经济挂帅、美国优先”原则得到地区性的体现，并且对抗中国的特点与报告总基调一脉相承。首先，新版报告着重强调美国与非洲的经济联系，提出非洲是美国商品和服务的潜在市场，并将加大对非洲贸易与投资力度。其次，史无前例地在该部分“点名”中国，提及中国在非洲的经济扩张和军事存在，强调中国的非洲最大贸易伙伴国地位，抨击中国在非洲的一些经济活动存在腐化本土精英、控制非洲采矿业、导致非洲国家债务不可持续等问题，对非洲长远发展不利，并提出美国应当成为中国的替代性选择。美日加剧与中国的竞争，可能导致一些非洲国家提高与中国合作的要价，加大在非投资的压力。大国在非激烈竞争化态势将长期存在。

虽然，大国在非影响力总体呈现“西强我弱”的格局，但在某些局部正在发生微妙的变化，这或许是从量变到质变的兆头，近两年，国际资本在非洲流动出现新趋势，可简单概述为“西退东进”。2014—2015年，阿联酋、中国、印度等国跨国公司接手了英法跨国公司在非洲当地剥离的几个项目的资产。尤其是中国的资金优势势不可当。2016 年 5 月，在香港上市的洛阳栾川钼业集团股份有限公司（洛阳钼业）以 26.5 亿美元收购美国矿业巨头自由港（Freeport-McMoRan）在刚果（金）Tenke Fungurume 的铜矿控股权，间接控制该铜矿 56% 的股权，令人鼓舞。中国有色或将投资 20 亿美元开发刚果（金）的铜矿资源。所以，只要中国方面保持定力，加强顶层设计，积极应对竞争，中国在非洲的投资前景依然可期。

3. 英国脱欧使中国在非洲扩大投资面临新的战略机遇

在经济全球化、区域集团化向纵深发展的大势面前，世界也涌动着一股“逆全球化”的潮流。2016 年

6 月 25 日，英国公投选择脱欧则是“逆全球化”的典型代表。英国脱欧不仅增加了未来全球贸易和经济复苏的不确定性，而且对非洲经济及中国在非洲投资也产生连锁溢出效应。

第一，英国脱欧短期内冲击非洲经济，中长期恶化非洲发展环境。英国脱欧可能导致外部资金从非洲撤离，非洲发展资金缺口加大，融资成本上升。再者，英国脱欧后，工作重心将转向国内事务，无暇顾及包括 18 个非洲国家在内的英联邦国家。英国作为非洲 FDI 来源最大存量国，其缩减发展援助预算、降低对非事务的关注和减少投入，将在一定程度上弱化非洲的投资前景。除了已经爆发出来的短期经济效应外，英国脱欧这一“逆全球化”现象或将打击非洲大陆如火如荼的地区主义情绪，非洲地区一体化进程将更加坎坷。另外，英国脱欧、欧非关系走向等中长期问题也值得关注。

第二，英国脱欧导致非洲更加依赖中国，中国在非投资面临新的战略机遇。从中长期来看，英国脱欧使得非洲发展的外部环境更加艰难，但非洲对中国的依赖程度将上升。一是全球货币政策分化，非洲国家货币贬值，造成通胀压力及资金成本上升，对中国资本的需求更加迫切。二是非洲产油国继续承压，已然突出的经常项目和财政双赤字状况加剧，其对外议价能力相对下降。三是目前英国是非洲最大的直接投资来源国，欧盟的法国、意大利和德国也位居前十，来自英国及欧盟的投资可能减缓，非洲对中国投资的诉求上升。四是英镑、欧元国际地位下降，人民币相对价值上升，人民币国际化在非洲推进的步伐有望加速。五是英国、欧盟资产暴跌，流动性趋紧，其可能要剥离一些在非洲的优质资产，为中国并购提供了机会。六是英国需要新的合作伙伴，中英全面合作成为可能，中英非三方合作存在巨大空间。七是英国脱欧一定程度上标志着“逆全球化”，非洲等新兴国家难以享受经济全球化红利，经济腾飞受挫，中国推动对非“三网一化”和产能合作存在机遇。中国应重点投资能够为非洲国家带来创汇、就业、税收的产业项目以及与之相关的基础设施项目，助其扩大市场规模和经济活动量，以期促进非洲国家的能力建设和工业化推进，同时推动中国对外开放全面升级、服务国内经济结构调整。

第二节　扩大中国在非洲投资的总体方略

一　战略目标

未来中国对非洲的投资合作，必须放在中非经贸合作大局中做通盘考虑，必须保持中国对非洲合作的传统优势，必须强化中非合作的利益交汇，尤其应将非洲自身的发展视为中国持续投资非洲的机遇，真正体现“真实亲诚”的对非政策方针和正确义利观，着力实施中非“十大合作计划”，把中国发展同助力非洲发展紧密结合起来，支持非洲加快工业化和农业现代化，实现“均衡、平衡、制衡”的三个战略目标和互利共赢、共同发展的最终目标。

1. 在全面而均衡地开展对非合作的基础上，以投资为主导方式，按照资源指向性、市场辐射性、战略前瞻性进行国别的战略布局

（1）资源指向性。确保非洲成为中国经济可持续发展急需的石油和大宗矿产资源的稳定供应，中国在非洲的投资布局必须坚持国内外和上下游产业间的统筹协调；矿种上的补缺、补紧、补劣的原则，将非洲能源、资源丰富的国家放在战略的高度给予重点关注。在具体实施方面，应依托现有资源开发项目，进行扩大、拓宽，形成石油开发、矿产开发的有机结合与合理布局。

（2）市场辐射性。在非洲进行投资布局时，必须充分考虑非洲历史形成的区域格局，重视那些有区位优势、市场辐射力强的国家。南非、尼日利亚、埃及、埃塞俄比亚、刚果（金）散落在非洲各个区域，是非洲经济扩张的“极点”，不仅自然资源较为富饶，而

且市场潜力巨大，向周边国家辐射的功能较强，也已成为中国对非主要经贸合作伙伴和地区支点国家。而非洲岛国或沿海国家如毛里求斯、肯尼亚、坦桑尼亚、科特迪瓦、加纳、塞内加尔、多哥、贝宁等国转口贸易活跃，有继续拓展市场的潜力。上述国家，既可以依托中国在建的经贸合作区这些生长点，拓展深加工和制造业的投资，形成产业配套和集群式发展；也可以通过参与国家级或地区性的交通、通信、电力等基础设施的建设、运营和管理来进一步强化重点国家的主节点功能，增强地区的辐射力；还可以择点建立物流中心，形成中国在非洲的营销网络，建立中国名优品牌商品出口的主渠道，并为中小企业扩大出口提供服务。经过重点培育与综合打造，这些国家应成为中非投资合作市场布局的基石。

（3）战略前瞻性。中国对非投资的布局不仅要突出重点，而且要有整体和长远考虑。南非、塞内加尔、摩洛哥、埃及、埃塞俄比亚、吉布提、坦桑尼亚、马达加斯加、刚果（金）等国地处交通要冲，战略地位重要，对维护中非经贸合作的安全意义重大；而且埃塞俄比亚正在成长为非洲政治强国，在非洲和国际社会的影响力上升。对这类国家，中国应在投资、贸易、援助等方面给予高度关切，以构筑中非经贸合作的全方位、宽领域、多层次发展的长远格局。

2. 平衡国家利益与企业利益，谋求中国在非投资的可持续发展

现阶段，中国政府应巧妙运用援助这个杠杆，通过“给予”来弥补平衡中国企业在非洲商业“获取”所产生的负面影响，实现中非关系的良性发展。充分利用中非发展基金、境外经贸合作区、中小企业发展专项贷款、两优贷款等，推动中国企业投资非洲的制造业和中小企业，实现适用技术向非洲的转移，从而提高非洲国家的出口能力，缓解中国产品对当地民族工业的冲击。将投资与援助相结合，更多地向农业、基础设施、卫生、医疗等民生领域倾斜，进一步拓宽合作领域，缓解能源资源合作急剧扩张所带来的舆论压力。

3. 制衡外部的干扰和牵制，改善在非投资合作的外部环境

双边一直是中国开展对非合作的传统途径，也是中国的优势所在。但随着中非经贸合作的深入发展，“中国因素”持续发酵，中国面临的外部压力特别是来自西方的压力将越来越大。然而，我们也注意到，西方国家对中国的打压态度从根本上是一致的，但手段不同、重点各异。因此，要区别对待，分而化之，尝试在非洲某些领域进行国际合作的可行性，从而谋求对中国更加有利的外部空间。

二 中长期投资规模

2014年5月8日，李克强总理访问非洲、出席世界经济论坛非洲峰会时发表演讲，提出了到2020年中国在非洲投资1000亿美元的中期目标。尽管已经过去4年，中国目前在非洲的投资存量接近400亿美元，但要在未来2年内实现增量600亿美元目标，仍要采取有效的策略推动中国对非投资在量上攀升、质上飞跃。

三 区域与国别的产业布局

（一）区域与国别产业布局

非洲大陆幅员辽阔、资源在地域的空间分布上不均衡，加之非洲历史上形成的区域特色格局，以及中国与非洲多年经贸合作中早已形成的重要伙伴关系和地区支点国家，制定在非洲投资战略必须进行区域统筹考虑，把非洲的需求、资源的优势和中国的产业转移、基础设施建设优势进行综合考虑，突出重点，进行差异化的布局。

1. 北部非洲。中非投资合作应以油气资源开发为合作的重心，埃及和阿尔及利亚无疑为重点打造的国家。尤其是埃及这个连接“一带一路”倡议亚非大陆的重点国家，宜加强工业、通信、技术、农业、水利、金融、地方管理和人力资源等领域的投资合作。

2. 东部非洲。中国“一带一路”倡议重点实施地区，对其投资应以现代化铁路、战略性港口、区域航空等交通运输基础设施为主，同时配合农业及农副产品加工、矿产资源勘探与开发、医疗卫生与教育合作等领域的投资，重点打造埃塞俄比亚、肯尼亚、坦桑尼亚等国。对埃塞俄比亚投资应重点放在农林种植以及相关的制造业领域，对肯尼亚和坦桑尼亚的投资应以现代化铁路、战略性港口、海洋经济等重大项目为抓手，以体现中国积极拓宽与印度洋沿岸非洲国家合作的工作思路，助力打造海上丝绸之路，推动符合中国利益的印度洋战略格局，提升中国在西印度洋的影响。

3. 西部非洲。应依托几内亚湾的油气和金属矿产资源的优势进行勘探开发，辅以轻纺工业和基础设施建设为投资合作重点。尼日利亚、塞内加尔、多哥等为重点拓展国家。在尼日利亚，积极推动中资企业参与工业化、农业现代化和经济多元化进程，尤其重点关注农业、资源类及油气下游领域的并购性投资机会。

4. 南部非洲。基于该地区整体产业链的相对完善优势，中国的投资合作应采取全方位拓展合作的方式，将南非、安哥拉、津巴布韦、莫桑比克列为梯度开发国家。

5. 中部非洲。应以油气矿产勘探开发、农业种植、林业加工、电力与交通基础设施为重点合作领域。重点投资刚果（金）、喀麦隆等国。刚果（金）自然资源丰富，地理位置优越，对周边国家有较强的区域辐射能力，可探索建设经济特区，打造样板和示范基地，由此作为推动工业化的有效途径。

（二）重点投资的产业

近年来，许多非洲国家陆续出台了中长期社会经济发展规划，并勾勒出了拟优先发展的产业和重点地区。结合中国产业结构的特点，中国对非投资合作将逐步向农业、制造业、采掘业、基础设施、现代服务业、新能源和海洋经济等领域拓展。

1. 投资农业，缓解粮食危机

据非洲绿色革命联盟发布的《2016 非洲农业现状报告》显示，2005 年以来多数非洲国家农业生产率持续增长，有些国家开始出现劳动力从农业向非农产业快速转移，农商业和下游粮食加工产业也开始发展，非洲出现了农业转型的良好势头，但非洲仍未摆脱缺粮的困扰，面临不少挑战和风险。对外国投资者而言，非洲在农业用地、农业基础设施、农产品加工、现代农业技术等领域，均存在着较大的投资机会。在非洲国家将农业作为优先发展产业的大背景下，中国投资者应加大对农业的投资力度。

2. 投资制造业，使非洲有更多的产品出口

长期以来，非洲制造业能力低下，使得拥有丰富资源的非洲在全球产业分工中处于“原材料提供者”地位。如今，在全球经济与国际分工的大变革背景下，非洲国家依托自身资源优势，普遍把发展制造业作为国民经济发展的优先选择。许多国家引领外资流向制造业，使得制造业发展呈现两个显著特点：其一，非洲制造业正在向多元化方向发展，传统的加工制造业已成产业链集群发展势态；其二，非洲中小企业迅速发展，成为推动非洲工业以及经济发展的新兴力量。在此背景下，中国对非洲制造业的投资应根据非洲国家生产和消费的结构变化，中国政府和金融机构应推动和支持中国企业在矿产品加工、农产品加工、家电、纺织品等生产和消费品领域向非洲投资。把非洲的资源优势、劳动力价格优势和中国的资金和技术优势结合起来，变中国制造为非洲制造，提高非洲产品的附加值，帮助非洲建立自己的工业体系，使非洲国家有更多的产品出口。

（1）汽车制造。非洲汽车产业发展水平低，但市场潜力巨大，对于中国汽车产业全球布局和长远发展具有重要战略意义。目前中国汽车业对非贸易投资活跃，汽车及零部件产品销往40多个非洲国家，2015年对非出口仅占非洲进口额的4.6%，市场拓展空间巨

大。比亚迪、力帆、一汽、北汽、华晨、奇瑞、福田等在南非、埃及、埃塞俄比亚等国设厂。

中国汽车业对非投资前景良好：一是符合中非双方的产业发展诉求。二是非洲市场与中国自主品牌汽车产品契合度高。三是非洲汽车市场准入门槛较低。四是得到中国和非洲国家政府的支持。

（2）家电行业。非洲近年家电市场容量每年都以两位数的幅度增长。但大多数非洲国家的家电产品全部依赖进口，具有良好的市场前景。但非洲购买力低下，贫富差距大，市场潜力的挖掘和利用还需一定时间。非洲基础设施落后，生产配套设施不足，投资启动成本高。还面临着其他国家特别是日韩、欧美国家的激烈竞争。由于合作项目分布较为分散，配套、运输、渠道等资源未实现共享与优化，无法形成规模效应和集群优势，投资成本和风险相对较大。

（3）医药制造和医疗设备制造。当前，非洲医药市场正面临着重大的历史机遇，表现为以下两点：一是非洲整体消费能力迅速提升，医药市场供需矛盾加剧；二是医疗卫生事业受到更多重视，出现产业本土化和监管标准一体化等新动向，医药商业环境日趋成熟。为此，中国医药企业拓展非洲市场机遇与挑战并存。目前中国对非洲的医药投资尚处于起步阶段，医药企业投资非洲步伐缓慢。对非洲医药投资项目多位于非洲欠发达国家，尚未涉足非洲主流医药市场，且以生产基础药物为主，并面临更为激烈的本土化和来自欧美国家的竞争。能否在非洲区域性医药标准制定阶段施加影响并掌握主动权，将是中国在非医药市场立足、推动中国医药标准走进非洲的关键。

3. 投资采掘业，并向深加工领域延伸

虽然矿业投资是中国对非投资的主要领域，但相对于欧美发达国家，中国对非洲矿业投资进入时间较晚，持有的矿山数量少；投资区位不明显，总体呈现“碎片化”分布；投资主体复杂但实力不强。尤其是中国对非洲的矿业投资还受到西方媒体“资源掠夺论”的非难，导致原本的商业竞争向国际政治领域蔓延。但中国矿企不能因此缩手缩脚，放弃国家的经济利益，毕竟任何一个国家经济的发展都要受制于资源。中国政府应继续加大对能源和矿业的投资力度，改变以往重成品、轻买矿；买好矿、轻勘探的做法。中国政府应从支持中国企业获得勘探权入手，大量收购非洲的矿山，并引领矿业生产向增加附加值方向发展。鼓励中国企业通过收购—生产—运营的投资模式，实现属地化、国际化经营。

4. 投资基础设施，改善民生和投资环境

近年来，许多非洲国家都把新建或改善公路、铁路、机场、码头、供水、供电等基础设施作为振兴经济的优先领域。尤其是一些经济不发达国家深受资金短缺的困扰，BOT 模式、BT 模式等带资承包在这些国家或者在项目资金不能完全到位的情况下，渴望外部资金的进入，为包括中国公司在内的全球承包企业参与非洲基础设施建设提供了新的机遇。过去，中国与非洲的基础设施合作多以援助的方式，或以项目承包商和设备供应商的乙方身份参与。近年来也开始通过投资的方式积极参与到非洲跨国跨区域基础设施建设和运营管理中。中国已然成为非洲基础设施建设中的主力军。未来，中国政府应继续通过优惠贷款等措施，鼓励企业参与非洲国家的基础设施建设和运营项目，探讨和推进在非洲的跨国电力、电信、交通网络和枢纽方面的合作。同时也鼓励中国金融机构通过多种形式的融资方式支持非洲的基础设施建设和互联互通项目，帮助非洲国家削减贸易和投资所面临的基础设施瓶颈，降低贸易往来的成本与代价，促进非洲内部贸易和对外贸易的全面发展和一体化的进程。

5. 跻身非洲新能源领域投资

能源供应短缺是非洲发展的一大瓶颈，非洲可再生能源发展潜力巨大，水电、太阳能、风电、地热以及各类生物质能源资源丰富。2015 年 10 月，国际可再生能源机构（IRENA）发布《非洲 2030 可再生能源发展线路图》指出，随着可再生能源技术的日臻成熟、成本快速降低，非洲可以通过提升现代可再生能源的使用来满足快速增长的能源需求，包括电力、供热/冷却、交通和其他方面。要实现这一目标，非洲 2015—2030 年需要年均 320 亿美元用于可再生发电，无疑外资将扮演重要角色。为此，埃及、尼日利亚等 20 多个非洲国纷纷出台包括减税激励、电价补贴、提供投资或贷款等激励政策措施，促进可再生能源发展。欧盟、美国、日本在非洲也开启了一系列新能源合作计划，均带动了本国企业在非新能源投资。中国是新能源设备制造大国，而非洲发展可再生能源的自然条件优越，但目前中国和非洲的新能源合作仍以工程承包、技术培训为主。为此，中国政府应加强组织和引导，推动中国新能源开发和新能源设备制造企业发掘和创造在非洲直接投资机会，以加强中国企业对非洲新能源开发的参与力度，推动中国新能源开发国际化迈上新水平。

6. 聚焦海洋经济，拓展投资合作新“边疆”

非洲拥有漫长的海岸线，54 个国家中有 38 个临海，但是非洲远未充分开发和利用海洋资源。2014 年非盟通过了《2050 年非洲海洋整体战略》，旨在支持和鼓励发展充满活力、环保和可持续发展的经济，从而创造更多的财富。非洲海洋经济涉及的行业很广泛，投资机会无处不在。比如，渔业和水产养殖、造船、海运、物流、保险、旅游业、港口及临港工业园等，与货物和服务相关的产业价值可达数万亿美元，可以创造数以百万计的就业岗位。2016 年 10 月 13 日，非盟主席米妮·祖玛表示，海洋经济将是非洲发展的下一个前沿，充满机遇。

7. 聚焦消费领域，打造现代服务业新亮点

服务业是近年来非洲经济增长的重要驱动力量，在非洲经济发展中发挥着越来越重要的推动作用。但是，非洲服务业整体发展水平相对较低，尤其是金融、房地产、电信、航运、旅游等新兴服务业领域具有巨大的发展空间。过去，中国虽然对非洲服务业有所投资，但主要集中在酒店、餐饮等传统服务业部门，对新兴服务业领域的投资是中国的短板，亟待加强。在新兴服务业领域，中国应加大对非洲金融、房地产、电信、航运等的投资力度。

（1）金融业为核心领域。目前，中非金融合作还处于较为初期的阶段。未来随着中非经贸发展的深入发展，金融领域的合作有望发展到更高的层次，取得更加丰硕的成果。第一，中方政策性金融机构非政策性金融业务将进一步扩大。第二，中方银行在非业务将获得加速发展。第三，中方银行在非合作形式将趋于多样化。第四，中方证券和保险金融机构在非业务有望获得突破性发展。第五，跨境人民币业务将成为

中方金融机构在非业务发展的优势增长点。

（2）医疗服务将成为新兴领域。除制药和医疗器械制造外，非洲的医疗机构的开设和运营、医疗新技术的推广与运用都是医疗卫生服务领域的重要突破口。其中，数字医疗诊断中心是未来中国对非医疗行业投资的一个重要方向。数字医疗诊断中心是当前医疗行业设备水平配置最高的，包含着很高的科技含量和医疗诊断水平，该类项目的推广意味着中国高新技术出口达到较高的水平，可以利用此平台作为提供医疗服务和培训的综合平台，为非洲的健康医疗事业培养人才，有利于非洲地区的民生发展和对中国投资者的信赖和肯定。数字医疗诊断中心项目附加价值很大，符合中国政府对非洲的新的合作战略。

（3）房地产潜力较大。非洲经济发展前景看好；人口基数庞大，增长率高，且年轻人口占比大；城市化进程持续加速；中产阶级数量不断增加；非洲住房需求每年增长15%—20%，住房缺口大，这些都构成了对非洲房地产市场前景持乐观态度的理由。

（4）旅游业仍是创汇大户。非洲旅游资源异常丰富，旅游业已经成为许多非洲国家国民经济的支柱产业。基于非洲旅游业的政策和市场的现实情况，酒店、餐饮业仍然是中国对非洲旅游业投资的主要方向，但未来要在原有的基础上逐步实现上述产业的高端化、连锁化发展。

（5）支线航空是蓝海。非洲经济正在崛起，非洲民用航空业蓬勃发展。目前，非洲的区域航空匮乏，非洲域内通航仍不充分，特别是在非洲的中西部，很多国家之间没有直达航线。从航线运营来看，运力与市场需求之间也存在着很大的不平衡。未来数年，非洲市场对支线客机和支线航空运营的需求极大，非洲支线航空将迎来强劲的增长。中国民航企业在航空基础设施建设、机场设备、民航管理及飞行员培训等方面具有较强的综合实力，中国生产的民航飞机逐渐被国际民航市场认可，具备“走出去”的能力和实力。随着“一带一路”倡议的实施和中非产能合作的日益深化，中国民航企业与非洲合作面临较好的机遇，尤其是支线航空合作，将成为中非民航业合作的重点领域。

（6）港口的建营具有战略意义。中国正在实施“一带一路”倡议，其中“21 世纪海上丝绸之路”建设中一个任务是在全球建设海洋战略支点，在全球重要的港口进行投资和运营。非洲因其地理位置成为这一战略中的重要一环。在非洲沿海重要港口实施海洋支点布局的战略意义重大。事实上，近年来中国已经开始在非洲实施了多个港口建设项目。但这些项目大多属于承包工程项目，参与实际投资和获取运营权的比较少；同时，布局还有欠缺，在非洲很多重要地区尚没有中国企业参与的港口项目。因此，在未来一段时间内，在中国“一带一路”倡议和“走出去”战略的多方支持下，建设、投资和运营非洲港口将成为中非服务业的一个重要合作方向。中国相关企业需要加大在非洲的经营力度，要在非洲的东、南、西、北四个方向实现港口建设的齐头并进；在有条件的国家和地区，尝试开展港口的管理和运营；选择有明确合作意愿的非洲国家，开展港口的多样化合作。

第三节　扩大中国在非洲投资的对策建议

当前，国内许多涉非部门官员、研究机构学者和大学的老师在谈到对非洲投资规划和战略时，往往站在中国的角度，大谈特谈中国经验的普适性，对非洲54个国家发展的多样化和差异性重视不够。未来相关部门在制定投资非洲大陆总体投资战略的基础上，应该进一步制定针对性强的国别投资规划。同时切忌用中国的发展经验来规范非洲国家经济和社会发展的进程。在非洲，中非不再是“难兄难弟”，非洲人才是那里的真正主人，中国公司必须以一种更实质性的方式对非投资，遵纪守法和保持透明的商业程序，更好地承担起国际经济合作伙伴的角色。在非洲，不是所有的投资项目都越大越好。相反，在有些行业中，中小型项目适应性更强，更能惠及民生。在非洲，经济手段和经济利益不能解决一切问题，必须有相应的政治、文化和军事等配套措施一并跟进。

一　政策层面的对策建议

1. 与时俱进，整合力量，系统筹划扩大在非洲投资的产业合作战略

扩大中国在非洲投资的影响力，当务之急就是加强政府部门的统筹，完善市场主体引导，加快适应中国从商品输出向资本输出的历史性转变。首先，组建副国级编制的“中央对非工作领导小组”，小组长至少由副总理级官员担当；组员由发改委、国资委、外交部、商务部、财政部、外汇管理局、中国人民银行等重要部门领导组成。其次，改革政府对外投资管理体制，统筹协调上述关键部门的工作，提高内部协调水平，简化审批程序，增强政策合理性，减少交易成本，最终落实中国企业对非洲投资便利化的诉求。最后，适应新形势，整合各方力量，出台国家级的对非投资的长期战略。明晰对非投资的战略目标、效益目标、地区（国别）布局、行业布局、各类行为体的协同与配套措施等内容。

2. 巩固原有合作基础，创新合作模式，打好组合拳，提高中国影响力

扩大中国在非洲的投资规模不能孤立行事，而要注重其与中非合作全局的关联性、整体性和协同性。这就需要中国政府相关部门调配好投资、援助、工程承包等各种经贸手段共同紧密配合，提高中国企业在非洲的竞争力。建议在对外援助领域，推动投资与援助相结合，将援助和国家战略契合度高的直接投资捆绑，将中国援非资产转换为中资企业参股控股的战略资产，提升援助的可持续发展能力；在对非工程领域，通过前期开发和投资运作，带动中国工程承包企业以直接投资的方式参与后续运营管理，掌控港口、铁路、电信等重要战略设施，提升项目的可持续性和在非影响力。

3. 照顾非洲关切，力争近期收效和远期利益的平衡发展

互利共赢是中非投资合作的生命力。非洲国家由于自身实力不足，在中非合作中处于弱势。对此，中国政府必须要照顾非洲国家的关切，有所让利。在非洲进行产业选择时，必须坚持互补性和互惠性的一致性标准，科学选择投资区位，实行多元战略，探索本土经营模式，寻求合资等多元合作模式。尤其在遇到本土同业竞争的情况下，中国企业要考虑产品差异化经

营策略，与当地同行产品有所区隔，为本土企业留出生存发展的空间。

4. 非洲发展需要时间，对非投资要做好“持久战”的准备，宜循序渐进地推进产能合作

近年来，非洲经济走势跌宕起伏，再次引发关于非洲经济发展前景的争论，尽管主流机构仍对非洲经济发展前景持乐观态度，但仍有观点认为非洲经济“崛起”或已停滞。之所以出现较大的分歧，一方面说明非洲国别经济已经开始分化，未来国别表现将更为悬殊；另一方面反映出非洲经济仍未摆脱依赖大宗商品价格波动影响，经济多样化任重道远。虽然从理论上讲，非洲大市场初步具有资源、人口等优势潜力来承接中国产业的梯度转移，但非洲大陆一体化尚未形成之前，市场的碎片化特征表明非洲暂时不具备承接中国产能大规模转移的能力。因此，非洲经济发展需要时间，中国投资非洲做大做强同样需要时间。中国政府、企业和金融支撑部门要有长期作战的心理准备。目前，中非产能合作的落脚点应以先行先试国家为重点，然后视周边地区市场的发展情况，逐步在某些重点领域找准合作项目进行推进，切忌大规模地蜂拥而上。

5. 大力扶持民营企业“走出去”

目前，中国对非洲投资主体日趋多元化，国有企

业当然是中国企业对非投资的中坚力量，但以中小企业居多的民营企业却日益成为中国对非投资的生力军。据中国商务部的统计，民营企业占到中国对非投资企业数量的70%以上。实际上，由于许多民营企业投资金额小和规避了复杂的审批程序，实际在非投资的民营企业个数还要多。中国民营企业受市场的驱动，主要集中在市场规模较大和双边合作项目较多的非洲国家，如尼日利亚、南非、埃及、埃塞俄比亚、加纳、赞比亚、安哥拉等；主要分布在非洲国家的劳动密集型制造业和服务业，也涉足采矿业、农业、基础设施建设等诸多领域。尽管民营企业在中国对非洲经贸合作中的商贸、物流、房地产开发等短板领域大胆尝试，扮演着先行者的角色，但与实力雄厚的大型国企相比，中国民企进入非洲市场面临着更多的指责和挑战，承担着更高的风险，亟须政策扶持。建议政府部门对扎根非洲长期守法经营，已经达到一定规模且处于转型升级等关键时期的民企给予持续的融资支持，发挥政府资金的杠杆和导向作用。

6. 加强中非之间跨文化交流与互动，力争交融与再生

近年来，包括对非投资在内的中非经贸合作迅猛发展，但中非之间的价值观、文化领域的交往并没有同步跟进。中非之间的文化差异成为中国对非投资合

作存在问题的根源之一。为此，应大力加强中非之间以尊重和平等为前提的文化交流，尤其是中资企业在非洲投资的过程中不仅要了解所在国的种族、宗教等风俗习惯，更要尊重非洲人爱护动物、保护环境、与自然和谐共处的宇宙观、人本主义思想、群体意识等文化特性，以实际行动来昭示中国文化的平和与包容。总之，到非洲大陆去投资，跨文化差异的碰撞在所难免，但加强双向的交流应成为长期的必然趋势。长此以往，中非文化才能更好地交融，中国和非洲才能结为经济利益深度交织的命运共同体。

7. 充分遵守国际准则，积极履行企业社会责任

中国投资者虽然具有资金雄厚的优势，但是到非洲投资时都必须认真研究相关行业现有的国际投资准则，理解、尊重、融入非洲投资的“软环境”，用共赢的心态对待投资对象国的民众和社区。为此，中国政府应倡导和谐发展理念，完善政府政策导向职能。中国企业作为非洲建设的参与者、实施者、贡献者、受益者，同样也是责任人，有责任促进非洲经济和社会的进步与发展。中国企业应将履行企业社会责任作为提高企业竞争力的助力，要坚持投资开发与履行企业社会责任两手都要抓，两手都要硬；要有长远眼光，正确处理经济效益与社会效益、当前发展与长远发展、不同利益主体合作共赢、投资开发与环境保护、投资

回报与社会稳定等一系列重大关系，积极反哺当地社会，助力非洲实现自主、可持续发展。

二　配套措施

1. 国家发改委应尽快制定并出台《对外投资法》

在该法下设对非洲投资章节，明确对非投资的产业政策、风险准备金制度、财政税收政策、金融支持、审批程序和保障政策等，这无疑为化解对非投资中出现的问题，扩大在非投资提供了法律保障。

2. 尽快缔结和更新中华人民共和国与非洲国家的双边投资保护协定，维护中国企业在非洲的利益

中国在非洲扩大投资规模，必然提升非洲国家分享发展成果的诉求，中非之间的经济摩擦和投资争议不可避免，中国投资者在非洲的利益遭遇挑战，严重挫伤了企业直接投资的积极性。鉴于中非之间现有的双边保护条约存在明显的缺失，中国与非洲国家政府之间必须加快缔结与更新投资保护协议的步伐。第一，从缔结新的中非双边投资保护条约的内容来看，应该更多地考虑到投资东道国政局稳定程度、爆发战争及冲突的可能性，防止类似利比亚战争后中方只能依赖利比亚国内法索赔的不利局面再次发生；还要将在非洲投资时遇到的如环境保护、劳工待遇等实际情况考虑进去，将环境保护、劳工待遇、企业社会责任等内

容加入中非双边投资保护条约中，并对“投资”“征收”等条款进行重新界定；在设计投资争议解决条款时，尽量选择仲裁方式解决投资争议，并结合中非特点构建双边投资纠纷解决制度。第二，鉴于中国在安哥拉、赞比亚、刚果（金）、肯尼亚、南苏丹、乌干达等东南非国家有众多投资项目，应将上述国家作为缔结新条约或更新 BIT 的主攻对象。尤其应将该项工作列入中国领导人高访时的重要议事日程，加以切实推动。第三，借鉴美国在非的做法，考虑与非洲一些重要地区性组织签订地区投资条约的可行性。中国政府相关部门也应积极尝试与东非共同体、南部非洲发展共同体、西非国家经济共同体等谈判签订地区投资条约，以便为中国投资者带来更大的投资市场。第四，中国政府应密切关注非洲国家政府有关双边投资保护条约的最新动态以及对外资政策的调整，及时采取应对措施。

3. 完善财税措施，加大政策扶持力度，支持企业扎根非洲

构建多层次的财税促进政策，分担对非投资企业的投资风险。其一，借鉴西方经验，建立对外投资风险准备金制度。具体来说，可准许企业在一定年限内，每年从应税收入中免税提取相当于投资一定比例的资金，计入准备金，在积累年限内用于弥补风险损失。

为实现政策导向，可根据对外投资的不同行业、不同区域实行不同的提取比例，比如投向国家紧缺矿种以及投向风险较高但具有重要战略意义的产业，提取比例可以相对较高。其二，构建多层次的税收优惠政策体系。尝试对非投资企业境内、境外盈亏相互弥补，亏损转结以及追补机制；提高对非矿业投资企业加速折旧力度，间接减轻企业税负压力；借鉴美、日经验，对到境外投资的中国企业采取延期纳税制度，对企业未汇回的国外投资所得暂不征税；扩大税收饶让范围，对于非洲国家为吸引中国企业投资而给予的减免税优惠，视为企业已经缴纳税款，允许从企业的应纳税额中抵扣。

4. 创立“中非联合职业技术大学”，向非洲当地进行知识与技术转移

技术转移与人才培养是中国企业对非洲投资面临的一项兼具基础性、紧迫性、挑战性的任务。中国政府和相关研究机构、大专院校不仅要利用援非资金继续办好对非洲政府官员的专业培训，中国企业更要结合在非投资运营的实际对非洲管理者和工人进行生产管理与职业技术专项培训，或言传身教企业运营流程和制度规范、企业文化、产品和设备的生产与销售技巧，提高非洲自主发展的能力。尤为重要的是，建议在中非合作论坛框架下，由教育部和有实力的中国企

业在非洲联合创办一所“中非联合职业技术大学”，在北非的阿尔及利亚、东非的肯尼亚、西非的尼日利亚、中部非洲的喀麦隆、南部非洲的南非各设立一个校区，由中国的教授、高级技师等组成教学团队，分别教授某几个领域的专业知识和实用技术，向中国在非企业输送管理者和生产骨干。

5. 创新投融资模式，直接投资与基础设施建设配套进行

中非投资合作前途光明，但需要积极开拓，不断创新。针对当前非洲国家迫切需要外部投资发展经济的有利时机，积极贯彻落实中非合作论坛约翰内斯堡峰会相关举措，围绕“三网一化”、产能合作和装备“走出去”、资源指向、市场指向以及战略前瞻指向，统筹政府部门、金融机构和企业等行为体，实施对非“矿山/园区、电力、道路、港口”系统投资方案，引导相关产业链、产业集群企业“抱团出海”，规避投资的“碎片化”和低端无序竞争问题。“中国成龙配套的价值链”走进非洲，无疑会助力中非经贸合作转型升级。

三 风险防控与规避

非洲国家对中国获得海外权益油气和金属矿产、开展产能和基础设施合作具有重要战略意义。当前中

国在非洲大陆的利益急剧上升，中国企业和公民在非洲分布广、密度大，安全风险和商用风险频发。只有进行有效防控，才能将损失降低到最小。

1. 政治风险

首先，中国政府、金融机构和中资企业应密切跟踪非洲各国的政局变化情况，特别是在当年要进行总统和议会选举国家的局势变化，防范政治和安全风险。不仅要在大选前进行跟踪研判，而且应对大选后非洲国家政局相关信息和政策进行跟踪和预判，研究和制定应对预案，确保中国在非洲国家的人员和财产安全。其次，中国政府和企业要维护好与非洲新政权的关系，掌控投融资节奏与规模。尤其在发展与非洲新政府关系方面，中国驻非使领馆、经商处应加强对在非中资企业的引导与沟通，及时发布新政府政策调整信息。考虑到新旧政府过渡期政局形势的多变性，建议既积极维护与新政府的关系，也不轻易应允上马新的大项目，避免过深介入带来麻烦。对于中国方面一直跟踪推动的项目，应及时分析政策变化，调整相关策略；对于尚未出资的项目，建议控制出资节奏，强化对财务等相关政策调整风险的考量。

2. 安全风险

从国家层面而言，应高度重视战乱、恐怖主义、社会骚乱扩散对非洲地区的影响，并做出积极和建设性的努力，完善评估与应急体系，丰富应对战乱、恐袭、社会骚乱的手段，维护该地区的稳定，保护中国人员与资产安全，保证中国在非洲基础设施建设、产能合作、能源资源开发等领域合作的推进。必要时采取外交和军事手段保护中国企业海外权益和人员的安全。2014 年 9 月，中国建立全球领事保护与服务应急呼叫中心（12308），但是中国外交护侨力度不够。尤其针对某些非洲国家官员随意向中国人索贿、敲诈的不公正行为，中国大使馆应加大交涉的力度，坚决维护华人利益。另外，近年来，中国参与苏丹、马里、南苏丹等国的维和行动，为那里的中国员工撑起了一个巨大的无形保护伞。因此，中国应加大参与非洲国家维和的力度。另外，在东北非的亚丁湾和西非的几内亚湾，海盗活动猖獗，中国海军应加强护航行动。与此同时，中国企业应加强印度洋西海岸非洲国家的沿岸海港建设和经营，以应不时之需，方便中国军舰参与撤侨行动。

从企业层面而言，一是密切跟踪发生战乱、社会骚乱、恐袭威胁的国家安全局势，预判事态走向及影响，评估其对已经投资或贷款项目构成的风险，制定应急预案；二是系统研判非洲地区尤其是企业重点投资的非洲次区域的安全局势，重点评估有重大投资项目国家的安全风险，必要时对投资策略与方向做相应的调整；三是与中国驻非使领馆保持密切沟通，动态掌握使领馆对相关国家的政策调整和预警提示；四是加强与东道国政府部门沟通，密切与贷款主体及投资合作伙伴的联系，与本土企业及员工建立良好的劳资关系，多渠道加强项目应急与风险防范能力；五是与当地专业安保公司合作，培训安全保卫、紧急撤退、医疗救护等方面的能力，提高安全风险防范水平。

3. 资金风险

从国家层面而言，防范汇率风险的当务之急就是要加快人民币在非洲的国际化步伐，助力企业“走出去”。一方面，要抓住全球经济复苏缓慢，非洲发展融资需求较强的机遇，积极推动境外人民币贷款，鼓励企业在非洲国家以跨国并购、建立经贸合作区或产业园等形式，在转移产能、扩大市场等领域用人民币对外直接投资，逐步改变当前对非投资中以外币投资为主的局面。另一方面，扩大在更多的非洲国家直接使用人民币的范围。推动货币互换和跨境人民币结算，完善跨境人民币清算体系建设，提高对中资企业走进非洲的服务能力。

从企业层面而言，首先，要合理统筹安排好项目间的资金调度。优先使用非洲本币，减少当地货币的资金存量，尽可能地留住美元等硬通货币；对投资项目大宗物资的采购，争取与供应商签订远期购货合同，锁定汇率变动带来的风险，对确需美元兑换当地货币的，争取更有竞争力的兑换汇率。在投资新项目前就要考虑汇率风险，选择强势货币标定投资规模，降低汇率损失；密切跟踪当地汇率走势，关注非洲国家政府出台的一系列整顿经济的措施；合理运用规避外汇风险的远期结汇等金融工具。其次，针对经济下行周期的不利影响，在非企业应根据行业特点制定应对措施。对于能矿企业，针对需求下降、投资收益下降等挑战，及时调整业务结构和规模；对于基建类企业，一方面应加大回款工作力度，将回款管控关口前移，锁定回款来源，另一方面也要加强对工期和工程质量的管控，避免因工期进度、索赔等原因影响回款。

4. 国有化风险

从国家层面而言，规避中资企业在非洲投资的国有化潜在风险主要有三个途径：第一，通过加入海外投资保险制度和出台国内法规来建立对外直接投资的保障制度；第二，与非洲国家签订保护投资的双边条约；第三，通过参加多边条约和多边投资保险机构为中资企业提供国有化风险保证，从政府间对话及其他途径规避国有化的潜在风险。

从企业层面而言，投资前要在可行性研究的基础上，对投资对象国国内有关外资的立法中关于国有化风险的保证状况，即是否与中国签订 BIT，是否有国有化风险的保证条款、保证内容和范围，投资对象国是否加入多边投资担保机构公约，是否承担公约所要求履行的国际法义务及其保证责任等内容进行综合评估，将风险控制在最小的范围。在投资中期阶段，要建立一套富有弹性的调整手段：第一，调整投资主体，与投资对象国政府或企业共同投资建立合资企业，通过共负盈亏、共担风险，将一部分风险转移到当地合资者身上；第二，调整企业的地域、行业、产品等投资结构，实行分散化或多样化经营；第三，调整投资方式，一是将股权投资和债券投资互换，二是进行投资币种的转换，用当地货币进行投资；第四，调整投资战略，积极履行企业社会责任，推行本土化投资战略，提高当地化程度；第五，调整投资的经营策略，从长远利益出发，与投资对象国保持友好的关系，积极配合其国有化要求。在投资后期阶段，当国有化风险严重危及中资企业的生存，并难以采取有效措施时，只能抽回投资从投资对象国撤退，应当采取多种措施、有步骤的撤资，尽可能减少损失。

5. 国际竞争风险

第一，中国政府和企业应保持定力，找出竞争对象国对非关系的软肋，保持自我优势，在对非投资中突出迎合非洲发展需求的合作方式、内容和项目，加强与非洲政治精英、媒体智库和民间团体的交流，化解和抵销消极影响。第二，应加强顶层设计，支持跨国铁路/公路、战略性港口、海洋经济等重点大项目的建设，提升中国影响力。第三，在巩固中国既有合作的基础上，进一步创新援助模式，尝试投资与援助结合方式，加强中国企业在非竞争力。第四，继续探索三方合作/多边合作新途径。中国与非洲国家的投资合作应采取开放式模式，考虑三方合作/多边合作的可能性。第三方既可以考虑与其他发展中国家的合作，也应该以更加开放的心态考虑与欧美等发达国家合作的可行性。但无论如何，中国要在三方合作中掌握主动。他山之石可以攻玉，欧美的一些做法和思路值得借鉴。国际合作不仅可以化解误解和敌意，还可以结合成一个利益共同体，通过综合融资和国际化管理降低项目所在地区政治经济不稳定带来的风险。

结　语

近年来，中国对非直接投资增速较快，投资规模也在不断扩大，取得良好的经济和社会效益。但对比发现，中国对非直接投资却是中非经贸合作内部构成中的短板，总量明显低于中非贸易、工程承包，导致中非经贸合作结构明显失衡，不利于中非经贸合作的可持续发展。为此，当务之急是扩大中国对非直接投资，使其发挥引领作用，不仅可以推动中非经贸合作实现均衡发展，向更高层次转型升级，更有利于打造利益深度交织的“中非命运共同体”，进而引领国际对非合作。

本报告紧密围绕如何扩大对非直接投资的这一主题进行，对策建议兼具战略性、前瞻性、可操作性的特点。报告指出，扩大对非直接投资，发挥其引领作用面临着难得的战略机遇，同时也面临着来自非洲、中国和国际层面的诸多挑战。为抓住机遇、迎接挑战，中国政府、企业、金融等相关机构必须整合力量、打好组合拳，在重点国家和重点产业进行精准布局，创新投资融资模式，扶持民营企业的发展，循序渐进地打一场对非投资的“持久战”。与此同时，中国在扩大对非直接投资的过程中，也要做好法律、财税、人才储备、文化等软实力方面的建设；应注意规避政治、安全、资金、国有化、国际竞争五大方面的风险，护佑中国对非投资发展壮大。

扩大对非直接投资，使其成为中非经贸合作升级的推动力量，绝非一日之功。中国对非直接投资战略研究也非一蹴而就。虽然本报告对上述核心问题进行了初步的探讨，但看到即将付梓的研究成果，内心喜忧交加。近年来，非洲次区域经济发展的不平衡以及54个国家经济发展的异质性凸显，要求中国在这些非洲国家的产业投资布局更加精准。尽管笔者在研究报告中对中国对非投资的产业布局、重点产业打造、政策建议、配套措施、风险防控等内容进行了粗略的谋划，但限于个人能力与水平，实难在国别和具体产业上进行精准的覆盖与对接，挂一漏万在所难免。好在本人将沿着这一学术方向继续求索，未来在中国对非直接投资的国别层面、微观层面不断细化，力争完善与提高。

参考文献

英文文献

1. Ann-Christin Gerlach and Pascal Liu, *Resource-seeking Foreign Direct Investment in African Agriculture*, September 2010.

2. African Center for Economic Transformation, 2014 *African Transformation Report*: *Growth with Depth*, 2014.

3. African Development Bank, *Africa in* 50 *Years' Time*: *The Road Towards Inclusive Growth*, September 2011.

4. African Development Bank, *Climate Change*, *Gender and Development in Africa*, November 2011.

5. African Development Bank, *African Statistical Yearbook* 2014.

6. African Development Bank, *African Statistical Yearbook* 2016.

7. African Development Bank, *Tracking Africa's Progress in*

Figures, 2014.

8. African Development Bank, Government of Kenya, *The State of Kenya's Private Sector*, 2013.
9. African Development Bank, *Study on Road Infrastructure Costs: Analysis of Unit Costs and Cost Overruns of Road Infrastructure Projects in Africa*, May 2014.
10. African Union Commission, *Agenda* 2063: *The Africa We Want*, Final Edition, April 2015. FAO, *FAO Statistical Pocketbook* 2015.
11. FAO, *Global Forest Resources Assessment*, 2010.
12. FAO, *FAO Statistical Yearbook* 2012.
13. FAO, *FAO Statistical Yearbook* 2014: *Africa Food and Agriculture.*
14. Iain Jrame (Eds.), *Africa South of the Sahara* 2012, London and New York, Routledge 2012.
15. Ian Taylor, *China's New Role in Africa*, Lynne Rienner Publisher, 2009.
16. Jane Ngige, *Roses from Kenya Bloom*, Kenya Flower Council August 5, 2009.
17. JICA Research Institute, *Development Challenges in Africa Towards* 2050, June 2013.
18. JICA Research Institute, *For Inclusive and Dynamic Development in Sub-Saharan Africa*, June 2013.

19. The World Bank, *The Africa Competitiveness Report* 2013.

20. UNCTAD, *Economic Development in Africa* 2014: *Catalysing Investment for Transformative Growth in Africa*, United Nations, 2014.

21. UNIDO, *Industrial Development Report* 2011, United Nations, 2012.

22. David Dollar from John L. Thornton China Center, Brookings Institution, *China's Engagement in Africa: from Natural Resources to Human Resource*, July 2016.

23. Xiaofang Shen, *Private Chinese Investment in Africa: Myths and Realties*, *the World Bank*, *Policy Research Working Paper*, No. 6311, January 2013.

24. McKinsey & Company, *Dance of the lions and dragons: How are Africa and China engaging, and how will the partnership evolve*, June 2017.

25. McKinsey & Company, *Lions on the Move: The Progress and Potential of African Economies.* June 2010.

26. McKinsey & Company, *Lions on the Move II: Realizing the Potential of Africa's Economies*, September 2016.

中文文献

1. 谈世中主编：《反思与发展——非洲经济调整与可

持续性》，社会科学文献出版社 1998 年版。
2. 舒运国：《失败的改革——20 世纪末撒哈拉以南非洲国家结构调整评述》，吉林人民出版社 2004 年版。
3. 欧高敦主编：《非洲：经济增长的新大陆》，经济科学出版社 2010 年版。
4. 何烈辉：《中国的非洲战略——一个私营企业的视角》，中国科学文化出版社 2012 年版。
5. 杨立华等：《中国与非洲经贸合作发展总体战略研究》，中国社会科学出版社 2013 年版。
6. 姜忠尽、刘立涛编著：《中非合作能源安全战略研究》，南京大学出版社 2013 年版。
7. 唐晓阳：《中非经济外交奇迹对全球产业链的启示》，世界知识出版社 2014 年版。
8. 施勇杰：《突出包围的强国之路——新形势下中非经贸合作战略研究》，中国商务出版社 2015 年版。
9. 舒运国、张忠祥主编：《非洲经济发展报告》，上海社会科学院出版社 2015 年版。
10. 智宇琛：《中国中央企业走进非洲》，社会科学出版社 2016 年版。
11. ［美］西奥多·阿勒斯等：《2050 年的非洲》，陈摩等译，中国大百科全书出版社 2015 年版。
12. 黄贤金等编著：《非洲土地资源与粮食安全》，南京大学出版社 2014 年版。

13. 文云朝主编：《非洲农业资源开发利用》，中国财政经济出版社 2000 年版。

14. 姜忠尽等编著：《非洲农业与农村发展——非洲九国野外实地考察研究》，南京大学出版社 2014 年版。

15. 世界各国和地区渔业概况研究课题组编著：《世界各国和地区渔业概况》，海洋出版社 2002 年版。

16. 联合国贸易与发展会议：《2002 世界投资报告：跨国公司与出口竞争力》，中国财政经济出版社 2003 年版。

17. 姜忠尽主编：《第二届“走非洲，求发展”非洲论坛论文集》，南京大学出版社 2011 年版。

18. 李小云、齐顾波等：《小农为基础的农业发展：中国与非洲的比较分析》，社会科学文献出版社 2010 年版。

19. 世界银行：《2008 年世界发展报告：以农业促发展》，清华大学出版社 2008 年版。

20. 陆庭恩：《非洲问题论集》，世界知识出版社 2005 年版。

21. 彭华岗主编：《企业社会责任基础教材》，经济管理出版社 2013 年版。

22. 世界粮食计划署：《世界粮食计划署在非洲 2011

年事实与数据》，2012 年。
23. 张捷、周大启、任万鹏：《中非农业合作现状与建议》，《中国国情国力》2015 年第 1 期。
24. 周泉发、刘国道：《非洲小农经济状况与我国援非农业技术示范中心对策》，《热带农业科学》2011 年第 11 期。
25. 胡魁、扶玉枝：《农业“走出去”背景下中非农业合作前景分析》，《新疆农垦经济》2014 年第 11 期。
26. 鞠岩峰、张剑：《中国企业对非洲林业合作与投资调查分析》，《林业资源管理》2015 年第 4 期。
27. 徐国彬、王辉芳、李荣刚：《中国与苏丹农业合作现状与对策探讨》，《世界农业》2012 年第 1 期。
28. 张军霞：《埃塞俄比亚畜牧业生产概况》，《中国畜禽种业》2008 年第 8 期。
29. 刘晓辉、刘速杨：《津巴布韦农业发展经验研究及中津农业合作建议》，《世界农业》2014 年第 2 期。
30. 矫健等：《喀麦隆农业现状及合作开发前景》，《世界农业》2013 年第 12 期。
31. 张莉：《非洲发展新伙伴计划与中非合作》，《西亚非洲》2002 年第 5 期。
32. 陈积敏：《新时期中非农业合作的空间与效应》，

《江南社会学院学报》2014 年第 2 期。

33. 林海、张海森、曹慧：《非洲农业综合发展计划对中国农业“走出去”战略的借鉴意义》，《世界农业》2010 年第 12 期。

34. 马吉宏、任虹、张小云、李江：《气候变化对摩洛哥农业的影响及其适应策略》，《安徽农业科学》2015 年第 43 卷第 7 期。

35. 马飞：《非洲的农业政策特点》，《经济研究导刊》2010 年第 16 期。

36. 沈晓雷：《“农业国际合作与非洲的包容性、可持续发展：机遇和挑战”会议综述》，《国际政治研究》（双月刊）2014 年第 5 期。

37. 杨宝荣：《涉农跨国公司在非投资特点及启示》，《西亚非洲》2015 年第 6 期。

38. 徐国庆：《巴西与非洲的农业合作探析》，《西南科技大学学报》（哲学社会科学版）2014 年第 6 期。

39. 许志瑜：《中国与非洲农业合作战略研究》，《国际经济合作》2014 年第 12 期。

40. 林涛：《中非农业合作现状问题与提升路径》，《现代商贸工业》2014 年第 13 期。

41. 俞毅：《论我国对非洲跨国农业投资的战略构建》，《农业经济问题》2009 年第 11 期。

42. 李淑芹、石金贵：《全球粮食危机与非洲农业发展》，《世界农业》2008 年第 10 期。

43. 孙仲彝：《关于传统农业向现代农业转变的思考》，《上海农村经济》2002 年第 8 期。

44. 史晓英：《中非发展农产品贸易面临的问题及对策分析》，《农业经济》2014 年第 7 期。

45. 韩燕：《发展互利共赢的中非农业合作》，《国际经济合作》2011 年第 5 期。

46. 高贵现：《中非农业技术示范中心的功能定位及可持续发展的建议》，《世界农业》2016 年第 7 期。

47. 秦路、楼一平：《援非农业技术示范中心：成效、问题和政策建议》，《国际经济合作》2016 年第 8 期。

48. 方旖旎：《后危机时代中国企业境外农业投资研究》，《农业经济问题》2015 年第 10 期。

49. 吕少飒：《中国对非洲农业投资及其评价》，《国际经济合作》2013 年第 2 期。

50. 徐继峰：《在中非合作框架下加强中非农业合作》，《国际经济合作》2015 年第 4 期。

51. 蒋安全等：《持久合作，助力非洲农业现代化》，《人民日报》2015 年 12 月 1 日第 23 版。

52. 李嘉莉：《中国与非洲农业合作的形态与成效》，《世界农业》2012 年第 12 期。

53. 唐晓阳、熊星翰：《中国海外投资与投资监管：以中国对非投资为例》，《外交评论》2015 年第 3 期。

54. 薛荣久：《中非货物贸易与投资模式亟需改变》，《国际贸易》2015 年第 7 期。

55. 唐丽霞、宋正卿：《非洲土地买卖和租赁制度及对中国对非洲投资的启示》，《世界农业》2015 年第 2 期。

56. 中国商务部、国家统计局、国家外汇管理局：《中国对外直接投资统计公报》（2012—2014 年度），中国统计出版社，分别于 2013 年、2014 年、2015 年出版。

57. 商务部国际贸易经济研究院：《中国与非洲经贸关系报告》（2010—2013 年）。

58. 张宏明主编：《非洲发展报告》（2012—2016）第 15—18 卷，社会科学文献出版社。

59. 郝睿：《转型升级：中非经贸合作的演进与展望》，张宏明主编：《非洲发展报告》（2014—2015），社科文献出版社 2015 年版。

60. 李智彪：《非洲工业化战略与中非工业化合作战略思考》，《西亚非洲》2016 年第 5 期。

61. 余勇：《“走出去”的案例——越美集团的远征：一个纺企的国际化之路》，《中国纤检》2010 年第 2 期。

62. 季晓莉：《抓住"劳动力成本洼地"机遇——"华坚鞋们"踏上非洲发展路》，《中国经济导报》2013 年 7 月 30 日第 A04 版。
63.《非洲：经济增长的新大陆》，《麦肯锡季刊》2010 年专辑（中文译本）。
64. 姚桂梅：《从一体化看非洲工业化的新动力》，《西亚非洲》2016 年第 4 期。
65. 姚桂梅：《中国在非洲投资的新挑战及战略谋划》，《国际经济合作》2015 年第 5 期。
66. 唐晓阳、熊星翰：《中国海外投资与投资监管：以中国对非投资为例》，《外交评论》2015 年第 3 期。

主要参考网站网址：

1. 联合国非洲经济委员会：http：//www. eca. org
2. 非洲开发银行：http：//www. afdb. org
3. 非洲商务网：http：//www. africa. org. cn
4. 非洲在线：http：//www. africaonline. com
5. 国际货币基金组织；http：//www. imf. org
6. 世界银行：http：//www. worldbank. org
7. 联合国贸发会：http：//www. unctad. org
8. 联合国粮农组织：http：//www. fao. org
9. 联合国工发组织：http：//www. unido. org

10. 全非网：http：//www. allafrica. com

11. 南部非洲发展共同体官网：http：//www. sadc. int

12. 英国商务观察：http：//www，businessmonitor. com

13. 英国 BP 石油公司官网：http：//www. bp. com

14. 英国经济学人官网：http：//www. eiu. com

15. 麦肯锡季刊网址：http：//www. mckinseyquarterly. com

16. 美国工程新闻记录期刊官网：http：//enr. construction. com

17. 新华社：http：//www. info. xinhua. org

18. 外交部：http：//www. fmprc. gov. cn

19. 商务部：http：//www. mofcom. gov. cn

20. 中国国际工程咨询协会官网：http：//www. caiec. org

21. 南非政府网：http：//www. info. gov. za

22. 世界钢铁协会：http：//old. worldsteel. org/index. php

姚桂梅，中国社会科学院西亚非洲研究所非洲研究室研究员、南非研究中心主任；中国社会科学院研究生院硕士生导师；中国社会科学院创新工程项目《中国对非洲投资战略研究》和《中国与非洲产能合作重点国家研究》首席研究员。从事非洲经济、地区经济一体化、中国与非洲经贸关系等问题研究三十余载，研究成果丰硕；访问过十多个非洲国家，主持和参加过十多项国家和部委委托的课题，并向中央和有关部门报送过20多篇智库报告。2012—2016年间，获得中国社会科学院优秀对策信息二等奖（2篇）、三等奖（3篇）。

中国社会科学院西亚非洲研究所是根据毛泽东主席的指示于1961年7月4日创建的多学科综合性研究所，是目前中国规模最大、研究力量最集中的中东、非洲问题研究机构和智库。该所研究对象涉及中东、非洲74个国家和地区，重点研究当代中东、非洲地区，各国政治、经济、社会、民族、宗教、法律以及大国与中东、非洲，中国与中东、非洲等国际关系问题。主办学术期刊《西亚非洲》（双月刊），主编综合性年度研究报告集《中东黄皮书》和《非洲黄皮书》；主管中国社会科学院海湾研究中心和中国社会科学院西亚非洲研究所南非研究中心。全国性学术社团中国亚非学会和中国中东学会挂靠于该所。中国社会科学院研究生院西亚非洲研究系设在该所，招收和培养中东和非洲政治、经济和国际关系等专业方向的硕士和博士研究生，为国内中东非洲研究培养专业人才。经过近60年的发展，西亚非洲研究所已逐步成为国内外中东非洲研究领域的知名学术机构。

中国社会科学院国际合作局是负责组织推进全院对外学术交流合作的职能部门。中国社会科学院对外交流合作遍及100多个国家和地区，同海外160余个机构建立了协议交流关系，其中主要是各国科学院、国家级科研机构、高端智库、知名学府以及重要国际组织。对外学术交流的形式主要有学者互访、举办国际研讨会、合作研究、培训、出版等。近年来，每年中外学者互访达5000余人次，举办国际性学术会议150余场。与10余个国家的科研机构共同组织开展合作研究项目。近五年来，与国外知名学术出版社合作，对外翻译出版学术著作700余部。印行《中国社会科学》等16种英文学术期刊。在海外已建立形成中国研究中心网络。

中国社会科学出版社成立于1978年6月，是由中国社会科学院主管的一家以出版哲学社会科学学术著作为主的国家级出版社。1993年首批荣获中共中央宣传部和国家新闻出版总署授予的全国优秀出版社称号。中国社会科学出版社成立40周年以来，出版了大量人文社会科学学术精品，图书先后获得国家图书奖荣誉奖、国家图书奖、中国图书奖、中国出版政府奖图书奖、“中国好书”奖、中华优秀出版物奖、“三个原创一百”图书奖和全国优秀通俗理论读物奖等国家级奖励。在南京大学中国社会科学评价研究院发布的《中文学术图书引文索引》中，中国社会科学出版社图书被引综合排名在全国近600家出版社中位居第四；在中国文化走出去效果评估中心发布的《中国图书海外馆藏影响力研究报告》中，中国社会科学出版社海外馆藏影响力位列第一。近年来，中国社会科学出版社在《剑桥中国史》《中国社会科学院学者文选》等传统图书品牌的基础上，打造“中社智库”丛书，《理解中国》丛书、《中国制度》丛书等出版品牌，已经发展成为我国马克思主义理论的重要出版阵地、哲学社会科学出版重镇、国家高端智库成果的重要发布平台和中国学术“走出去”的主力军。